A última canção

Coordenadora editorial: Tânia Lins
Coordenador de comunicação: Marcio Lipari
Capa, projeto gráfico e diagramação: Equipe Vida & Consciência
Preparação: Janaina Calaça
Revisão: Equipe Vida & Consciência

1ª edição — 1ª impressão
2.000 exemplares — novembro 2024
Tiragem total: 2.000 exemplares

CIP-BRASIL — CATALOGAÇÃO NA PUBLICAÇÃO
(SINDICATO NACIONAL DOS EDITORES DE LIVROS, RJ)

R367u

Ribeiro, Amadeu
A última canção / Amadeu Ribeiro. - 1. ed. - São Paulo : Vida & Consciência, 2024.
288 p. ; 23 cm.

ISBN 978-85-7722-676-4

1. Romance brasileiro. I. Título.

24-94196 CDD: 869.3
CDU: 82-31(73)

Este livro adota as regras do novo acordo ortográfico (2009).

Vida & Consciência Editora e Distribuidora Ltda.
Rua das Oiticicas, 75 – Parque Jabaquara – São Paulo – SP – Brasil
CEP 04346-090
editora@vidaeconsciencia.com.br
www.vidaeconsciencia.com.br

A última canção

AMADEU RIBEIRO

VOLUME 7

Prólogo

Eles gostavam da escuridão. Muitas décadas atrás, desde que desencarnaram, aqueles espíritos residiam naquela região do submundo astral. Haviam decidido permanecer ali por várias razões, como afinidade, prazer, vingança ou pela possibilidade de obter algum conhecimento que pudesse lhes trazer benefícios.

O vínculo com o local fora imediato. Todos eles amavam as trevas, como filhos que amam a própria mãe. Desde que ali chegaram e foram bem acolhidos, jamais imaginaram fincar raízes em outros territórios.

Assim como a questão da afinidade, viver ali era puro prazer. Quem não sentia um regozijo profundo ao observar os espíritos sem serventia alguma se arrastando pelos charcos daquela área, como minhocas rechonchudas patinando na lama? E o quão divertido era acompanhar a distância o trabalho dos intrometidos espíritos da luz, que frequentemente surgiam ali para resgatar uma ou outra alma sem futuro? Na visão daquele grupo, os espíritos superiores só queriam status para se promoverem nas esferas mais elevadas do astral.

Havia ainda a vingança. Ah, como era extasiante vingar-se daqueles que lhe haviam feito mal em algum momento da vida, fosse na própria espiritualidade, fosse no mundo corpóreo. E ali, sob a tutoria do Grande Senhor, eles haviam aprendido tudo sobre a arte de revidar com extrema crueldade as maldades que lhes fizeram anteriormente. Fora com esse espírito de extremo poder e conhecimento, que remontava à antiguidade, que eles também tiveram a oportunidade de aprender tudo o que sabiam, tornando-se, assim, os "Feiticeiros das Sombras", como se autonomeavam.

Ao contrário do que os leigos acreditavam, nem todos os que habitavam regiões do umbral estavam em sofrimento. Para aquele pequeno e seleto grupo, as sombras lhes traziam sensações e virtudes que em nenhuma comunidade superior, na qual viviam os seres que se diziam "bonzinhos", haveria semelhante oportunidade.

Os três homens e a única mulher do grupo caminharam lado a lado, passando por corredores longos e escuros, onde sombras engoliam outras sombras. Ali, havia um estranho silêncio, que inquietava muitos, mas que lhes trazia paz e conforto.

O fim daquele corredor os levou a um salão mal iluminado por luzes amareladas e tênues, cravadas nas paredes. Ali, havia uma grande mesa vermelha, contornada por cadeiras de encosto igualmente vermelhos. Os quatro seres, todos usando vestimentas escuras e capuzes pretos, seguiram naquela direção, onde se acomodaram nas cadeiras e, enfim, abaixaram os capuzes.

— Admito que nunca me senti tão desamparado — murmurou um dos homens ao encarar os demais membros do grupo. Seus olhos pareceram faiscar ao refletirem a claridade amarela. — Por mais que tenhamos aprendido a nos virar sozinhos, sem o Grande Senhor por aqui, fico com a impressão de que estamos órfãos.

— Compartilho da mesma sensação que você, Hefesto — manifestou-se outro homem. — Somos os feiticeiros mais poderosos e temidos dessa região. Aprendemos toda sorte de magia e técnicas de manipulação de energias e, ainda assim, sem o nosso mentor, é como se algo estivesse nos faltando.

— Vocês estão dramatizando muito. — A mulher encarou o último que falara e sacudiu a cabeça para os lados. — Dionísio, você está parecendo uma criança chorona, quando o pai sai para trabalhar e deixa o filho sozinho em casa. O que nós somos, afinal? Há quantos séculos estamos aqui, compartilhando dos planos de vingança do nosso mestre? Agora que ele está na carne e precisará de toda a nossa ajuda, vamos nos entregar a murmúrios e lamentos?

— Afrodite está certa — concluiu o último membro do grupo. — Nosso Grande Senhor Dipak agora habita o corpo de um bebê recém-nascido. Já soubemos que recebeu o nome de Manoel. Percebem o quanto isso soa ridículo?

— Vai além disso, Ares. — Hefesto percorreu os demais companheiros com seus olhos cintilantes. — Sabemos que Dipak nutriu um imenso desejo de vingança pela mulher que amou e odiou ao mesmo tempo. Desde o desencarne de Angelique, queimada pelos inquisidores na fogueira, ele nunca mais teve contato direto com ela. E, desde a última experiência que tiveram juntos, é a primeira vez que reencarnou após tantos séculos. Estamos falando de séculos de planos, estratégias e objetivos, que ele tentará colocar em prática usando seus diversos poderes para destruir a mulher que ele nunca conseguiu esquecer.

— Aqueles que hoje o receberam como pais também foram inimigos nessa mesma época. — Dionísio lembrou aos demais. — Não podemos nos esquecer disso. O inquisidor Sebastian, um homem tão cruel que poderia integrar nosso time, apaixonou-se por sua própria caça, ninguém menos que a esposa de Dipak. Ambos foram mortos juntos. Agora, reencarnados, estão casados. O homem que tirou tantas vidas inocentes agora é o responsável por prender aqueles que o fazem. Irônico, não acham?

— Tanto Angelique quanto Sebastian, que agora têm outros nomes e certamente não se lembram do passado que os uniu, são os pais do Grande Senhor. — Afrodite esboçou um sorriso tão tênue quanto as lâmpadas que a clareavam. — Mal sabem eles que o maior feiticeiro das trevas de que já se teve notícias vive agora no corpinho do filho deles, camuflado como uma inocente e doce criança.

Os quatro soltaram uma gargalhada.

— Precisamos agir — decidiu Ares. — Chegou a hora de colocarmos nossos planos em prática para auxiliar aquele que nos tornou quem somos hoje. Deveremos ir à Terra e fazer o casalzinho encantador relembrar o ódio que nutriam entre si no passado. Anulando o amor que eles declaram agora um pelo outro e despertando o que há de pior dentro deles, ajudaremos o Grande Senhor a alcançar seu objetivo.

— Sim, vamos agir — repetiu Hefesto. — Usaremos todo o nosso conhecimento para sermos bem-sucedidos em nossa primeira grande missão na matéria.

— Aí vamos nós, Dipak! — Sorriu Dionísio. — O reforço está a caminho.

— Dipak, não. Agora é Manoel — provocou Afrodite, arrancando novas gargalhadas dos demais.

Capítulo 1

— Odeio *funk*! Só queria que soubesse disso.

— Não tem como me esquecer. Você sempre repete a mesma coisa quando os bailes ou *shows* acontecem.

Amanda encarou a avó com irritação estampada na face. Toda vez era a mesma conversa. Bastava avisá-la de que estava indo a algum evento com suas amigas para que sua avó, responsável legal por ela, começasse a tempestade de críticas. O importante era que a mulher sempre a liberava para ir aonde desejasse, mesmo com suas opiniões contrárias às vontades da neta.

Ainda que canivetes afiados despencassem do céu em uma chuva violenta, Amanda não deixaria de ir ao *show* daquela noite. Aguardava aquele momento com tanta ansiedade e expectativa que seu sono nas últimas noites fora agitado. A jovem acordara várias vezes no meio da madrugada, após sonhar com seu ídolo nas mais diversas situações.

Afinal, qual garota de dezesseis anos não sonhava com MC Testa?

Enquanto dava os últimos retoques em sua maquiagem pesada, que frequentemente era motivo de queixa por parte da avó, Amanda ergueu o olhar e encarou os diversos pôsteres afixados nas paredes de seu quarto. Em todos eles, havia a imagem de um rapaz jovem, de pele morena, olhos duros e pequenas tatuagens espalhadas por sua testa muito larga, o que lhe rendeu o apelido que utilizava como nome artístico. Tratava-se de um dos maiores cantores de *funk* da atualidade, cujos vídeos viralizavam sempre quando eram postados. Bastava lançar alguma novidade que o sucesso entre seu público era garantido.

A fama levou-o a um mundo com o qual ele sempre sonhara e retratava em suas letras. A história de um menino pobre, nascido e crescido no seio de uma família humilde, que desejava enriquecer para dar uma vida digna àqueles a quem amava. Amanda sabia que, atualmente, Testa cobrava uma fortuna por cada *show* e pensava que ele estava mais do que certo em valorizar seu trabalho. Só que, naquela noite, ele faria uma apresentação gratuita ao público da cidade, embora certamente fosse receber um cachê exorbitante da prefeitura e dos patrocinadores.

Testa fazia apresentações em todo o Brasil, mas o que estava para acontecer dali a pouco seria especial, pois nele lançaria uma nova música, cuja prévia já se tornara um sucesso no YouTube e em outras plataformas digitais. O MC se apresentaria em sua cidade natal, pois se mudara para São Paulo havia quase um ano, logo após sua vida financeira mudar radicalmente para melhor.

Amanda contemplou-se no espelho. Pequeninas fotos de Testa, com diversos penteados de cores diferentes, estavam coladas na moldura. Como amava aquele homem, mesmo que soubesse que jamais seria notada por ele. Quanto talento, quanto carisma, quanta sedução! Ela enxergava tantas qualidades no cantor que somente uma fã apaixonada seria capaz.

A imagem do reflexo mostrou uma moça de corpo bem-feito, repleto de curvas, que o vestido curto e preto, propositadamente sensual, realçava. Sabia que seria mais uma dentre milhares de jovens na plateia e, portanto, Testa nunca a notaria, então, nada a impedia de provocar algum rapaz bonitão que estivesse de bobeira por ali. No último baile a que comparecera, Carolina, sua melhor amiga, conseguira trocar beijos incríveis com um garoto loiro que, na opinião de Amanda, só perdia em beleza para o famoso MC. Quem sabe essa fosse sua noite de sorte!

Terminou de colocar os sapatos de saltos médios, porque eles não a incomodariam muito após algumas horas de pé diante do palco, e espargiu no pescoço um pouco de seu perfume preferido. Estava linda! Jogou seus cabelos castanhos e ondulados por cima dos ombros e pegou a bolsa, onde levava apenas seu RG e seu celular. Não tinha nenhum tostão furado, pois a mesada que era depositada mensalmente por seu pai em sua conta só cairia na semana seguinte.

Antes de sair, voltou a encontrar-se com a avó, que apenas apertou os lábios duramente, num gesto claro de que estava contrariada, tanto pela vestimenta que a neta usava — que ela considerava provocante demais para a idade da jovem — quanto pelo fato de Amanda ir a um baile frequentado por pessoas por quem nutria desconfiança e ressalvas. Sabia o que acontecia naqueles lugares, pois não era preciso frequentá-los para ter esse conhecimento. A neta jurava que nunca fizera nada de errado e, por confiar na menina, acabava liberando-a para sair.

— Não volte muito tarde, ouviu?

— O *show* não deve acabar antes das duas da manhã, mas voltarei correndo para casa assim que terminar — dizendo isso, Amanda inclinou-se para dar um beijo na bochecha da avó e correu em disparada para a rua, onde Carolina e outras duas amigas já a aguardavam.

Elas pensaram que, se chegassem cedo, conseguiriam lugares mais próximos ao palco ou a pontos estratégicos que garantissem uma boa visão do astro. No entanto, parecia que todos os adolescentes da cidade já estavam concentrados ali, além de muitas outras pessoas, cuja idade não ultrapassava os trinta anos.

Assim que a entrada foi liberada, houve empurra-empurra e um pouco de confusão, que felizmente foi logo contida pelos seguranças e organizadores do evento. Ninguém se feriu graças à rápida atuação dos profissionais.

Amanda já estivera ali antes, assistindo a apresentações de outros cantores. O *show* seria a céu aberto, em pleno centro da cidade, com previsão de início para as vinte e duas horas. O palco fora montado três dias antes, e todos sabiam que Testa brilharia naquela noite. Ela o acompanhava nas redes sociais e não perdia nenhuma de suas postagens. O famoso MC compartilhara vários *stories* nos quais garantiu que este seria o melhor *show* de sua carreira. Amanda mal podia conter a emoção e a ansiedade.

Obviamente, houve algum atraso. Ele nunca era pontual em suas apresentações, o que considerava uma espécie de charme adicional. Deixar os fãs esperando, às vezes por mais de uma hora, não era visto por MC Testa como falta de respeito a eles, mas como uma forma de deixá-los ainda mais instigados a assistirem à sua atuação no palco. Nunca havia reclamações, por isso ele não se importava de fazê-los aguardar pelo tempo que desejasse.

Quando o MC surgiu pulando, a plateia gritou e vibrou tanto que os tímpanos de Amanda quase estouraram — ainda que ela própria estivesse berrando a plenos pulmões. Não fosse a agilidade de Carolina, que se espremera entre as pessoas, arrastando as amigas consigo, não teria conseguido uma visão tão espetacular do seu ídolo. Não estavam coladas ao palco, mas se mantiveram a uma distância muito próxima dali, em que poderiam enxergá-lo perfeitamente.

Agitando os braços cobertos de tatuagens, Testa fez a plateia delirar quando abriu seu *show* com sua música mais famosa, cuja letra misturava drogas, veículos de luxo e mulheres fáceis. Era um homem pequeno, embora bastante musculoso. Como fã incondicional, Amanda sabia que ele completaria vinte e um anos dali a três semanas e era ariano. Conhecia todos os seus pratos preferidos, suas marcas de roupa prediletas e muitas outras informações pessoais sobre o cantor.

— Galera, vocês estão preparados para ouvir em primeira mão meu novo sucesso? — Gritos empolgados retumbaram de volta. Passando o microfone de uma mão para a outra, ele continuou: — Então se preparem, porque ficou assim...

Com seu celular voltado para Testa, assim como todos os demais que o filmavam e o fotografavam, Amanda o ouviu cantar:

O moleque humilhado, pobre, preto e sem futuro,
que passava frio e fome em seu mundinho obscuro,
sem fé nem esperança, pensamentos imaturos,
rodeado por amigos falsos, invejosos e dedos-duros.
Queria o melhor para ele e sua amada rainha,
sua mãe, sua amiga, sua melhor companhia,
que nunca deixou que nada faltasse para sua cria.
Mesmo na agonia, ela sempre o acolhia.
Agora o mundo mudou, girou, se transformou.
O sofrimento é lembrança, coisa do passado.
No presente é só progresso, sim, o menino mitou.
Acorda com a mente limpa, descompromissado.
O moleque esquecido hoje está lá em cima.
Gratidão a Deus que fez sua obra-prima.
A fé o imunizou, sua melhor vacina.
Um menor vitorioso que vive em outro clima.

Essa é mais uma história de um parceiro que venceu,

que não seguiu pro crime, nunca se converteu.

Seu foco era a fé e assim não se abateu.

No lugar do ódio, ele pensava em Deus.

Acreditem, meus parças,

mesmo na dificuldade, a vida vai lhe trazer o que é seu.

Ao término, várias adolescentes choravam de emoção, enquanto alguns rapazes gritavam eufóricos e pediam bis. E, como se quisesse deixar a plateia ainda mais em polvorosa, Testa anunciou:

— Vocês estão vendo esse relógio? — Ele ergueu o braço para mostrar o acessório dourado no pulso. — Paguei uma verdadeira grana por ele, e, hoje, um de vocês será seu novo dono.

Mais gritaria ecoou da plateia. Testa abriu um sorriso largo, revelando alguns dentes de ouro.

— É isso mesmo que vocês ouviram. Além de ganhar um relógio, cujo valor dá para comprar um carro popular à vista, o sortudo ou a sortuda ainda terá o privilégio de passar dez minutos comigo em meu camarim no intervalo do meu *show*! O que acham disso?

A resposta foi a mesma de sempre: gritos de júbilo, urros extasiados, berros alvoroçados. Testa realmente sabia como cativar seu público.

— Vou jogar meu relógio para vocês! Aquele que conseguir pegá-lo ganhará esse prêmio, que, com certeza, será inesquecível. Nada de empurrar o amiguinho, hein?

Ele riu alto, porque tinha certeza de que os jovens praticamente se pisoteariam para disputar seu relógio e a chance de passar alguns minutos com o cantor. Testa, então, tirou o acessório do pulso, virou-se de costas para a plateia e lançou-o para trás com força.

Amanda simplesmente não acreditou quando viu aquele fulgor dourado avançando em sua direção. Quase como em câmera lenta, ela viu mãos de todos os tons de pele erguerem-se para o alto, mas sem, contudo, conseguirem pegar o relógio. Sabia que suas chances eram mínimas, mas preparou o salto e levantou o corpo. Com as mãos esticadas na direção do cobiçado objeto voador, Amanda gritou e pôs-se a chorar quando seus dedos se fecharam na pulseira de aço dourada.

A jovem recompôs-se rapidamente, para alegria e inveja de suas amigas, e começou a pular com o relógio nas mãos, segurando-o com toda a sua força, pois temia que algum engraçadinho tentasse arrebatá-lo.

Quando Testa se virou para ver quem conseguira o prêmio, seus olhos cruzaram com os de Amanda. Sim, o melhor MC do mundo, na opinião da jovem, finalmente notara sua existência.

Amanda sentiu o coração bater com muita força quando ele lhe assoprou um beijo e apontou para sua direção.

— Aquela *mina* ali conseguiu o relógio. Quero que a produção a auxilie a chegar ao meu camarim.

Homens fortes, usando camisetas pretas, mergulharam na multidão até alcançarem Amanda. Enquanto a jovem era guiada para o camarim do MC, Testa ainda cantou dois de seus sucessos antes de desaparecer por uma porta.

As pernas de Amanda pareciam prestes a traí-la e derrubá-la, pois tremiam intensamente. Enquanto segurava o relógio como se fosse o Santo Graal, lágrimas de incredulidade marcavam seu rosto e desmanchavam sua maquiagem cuidadosamente elaborada. Estava prestes a realizar o maior sonho de sua vida. Conversaria com Testa, tiraria fotos abraçada com ele, sentiria seu cheiro e o toque de sua pele.

Será que tudo aquilo não passava de mais um de seus sonhos com o cantor, já que neles ela praticamente era pedida em casamento por Testa?

Um dos seguranças fortões mostrou-lhe um corredor iluminado por luzes muito claras, que fazia uma curva em seu final.

— O camarim de Testa fica na última porta, logo após você virar à direita. Não há erro. Você logo verá o nome dele estampado ali. Pode seguir até lá.

— Obrigada.

Tremendo muito, Amanda caminhou naquela direção com passos vacilantes, as mãos unidas contra o peito, o relógio aninhado entre elas. O item valioso poderia custar um milhão de reais, ou o quanto fosse, mas nada tinha mais importância para ela do que aqueles minutos incríveis que estavam por vir.

Ao fundo, era possível ouvir a vibração abafada causada pelos gritos dos jovens que aguardavam a continuação do *show* e que certamente invejavam Amanda com toda a força pelo privilégio que ela obtivera.

Assim que virou o corredor, Amanda teve a impressão de ver uma porta se fechando rapidamente após um vulto passar por ela. Seus olhos estavam tão marejados que a jovem mal prestou atenção naquele detalhe. Apenas queria abraçar Testa e permanecer unida a ele pelo maior tempo que conseguisse.

Lá estava o camarim. Uma estrela dourada com o nome do MC estava grudada na porta. Ela bateu e aguardou. Como não houve resposta, bateu com mais força. Sendo ousada, Amanda testou a maçaneta e a girou, empurrando a porta com delicadeza.

— Estou entrando... — ela anunciou com voz falha. Estava muito emocionada. Só esperava que não ficasse completamente muda diante dele.

Dali, avistou um dos braços tatuados de Testa sobre o apoio da cadeira. Ele estava de costas para ela e um pouco afastado do espelho, de modo que ela não pôde enxergar seu reflexo. Como não houve nenhuma reação, Amanda se aproximou devagar, quase como se esperasse por um susto ou algo do tipo. Ao chegar próximo da cadeira, ela a rodou devagar, sem entender muito bem o que aquele estranho silêncio significava.

MC Testa ficou frente a frente com ela, mostrando a faca cravada até o cabo em seu coração.

Amanda deixou o relógio cair no chão e começou a gritar.

Capítulo 2

Encarar a morte de perto era uma das principais atribuições do investigador Nicolas Bartole, que, com vários anos de experiência na área de homicídios, já vira de tudo um pouco, desde assassinatos acidentais a crimes estrategicamente planejados por seus autores. Por isso, ver aquele cadáver à sua frente, sentado em uma cadeira com rodinhas, com uma faca cravada no peito e muito sangue tingindo suas roupas de marca sofisticada, era algo a que ele já estava habituado. O único problema ali era o fato de a vítima ser famosa. Nicolas já imaginara toda a comoção que estava por vir assim que a morte daquele rapaz fosse levada a público.

Não era preciso ser perito ou médico legista para atestar que o cantor recebera um único golpe. O assassino agira sem hesitação ao atingir MC Testa com a faca. Nicolas acreditava que a pessoa fora bastante ousada em cometer o crime dentro de um camarim. Era possível que o criminoso tivesse vindo por trás da vítima e a acertado com uma única estocada no peito. Por outro lado, algo fazia o investigador acreditar que a facada fora dada de frente. Queriam que o jovem tatuado soubesse quem lhe tiraria a vida.

— Arre égua, Bartole! — Mike, gigantesco em sua farda acinzentada, entrou devagar e parou ao lado de Nicolas. Era um homem jovem, de pele negra, repleto de músculos, que mantinha um sorriso quase constante nos lábios. — Ainda não estou conseguindo acreditar que mataram o Testa.

— Quem?

Mike encarou Nicolas surpreso.

— Você nunca ouviu falar em MC Testa?

— Deveríamos ter sido apresentados?

— Qual é, Bartole? Você vive em uma bolha ou sem internet? — Mike abriu os braços musculosos, como se fosse simular um voo. — Todo mundo que curte *funk* conhece esse cara. Junto com outros MCs famosos, Testa vinha levando o som das periferias para o Brasil inteiro. Cara, não acredito que alguém entrou aqui e simplesmente plantou uma faca no coração do moleque.

— Pois foi exatamente o que aconteceu.

— Ele era amado por uma legião de fãs.

— E detestado por alguém que decidiu pôr fim à carreira e à vida dele — rebateu Nicolas, voltando a observar o corpo. Testa era um rapaz jovem, forte, com dezenas de tatuagens desenhadas na pele clara e que parecia ter muito dinheiro. Ele usava grossas correntes douradas no pescoço, certamente feitas de ouro maciço, e calçava tênis que custavam duas vezes o salário de Nicolas. — Crimes cometidos com armas brancas são sempre mais pessoais do que os que são cometidos com um revólver, por exemplo. Requerem mais audácia, coragem, proximidade e intimidade com a vítima. Teria sido mais fácil invadir o camarim desse homem e o atingir com um tiro disparado por uma arma com silenciador. A balbúrdia de seus fãs na plateia, ainda que do lado de fora, abafaria ainda mais o estampido da bala. Mas se o assassino quis confrontá-lo com essa faca era porque queria garantir que Testa o visse antes. Talvez tenha até trocado algumas palavras antes de matá-lo. Muitos homicidas adoram revelar o motivo do crime às vítimas antes de darem fim a elas.

— Obviamente, não encontraremos impressões digitais no cabo da faca.

— A menos que o criminoso não se importe em ter sua identidade revelada. Se fosse assim, ele mesmo teria se entregado à polícia. — Nicolas olhou para a porta. — Quero conversar com a adolescente que o encontrou. Providencie para que algum responsável possa acompanhar o diálogo. Enquanto isso, vou procurar o supervisor que organizou a montagem do palco e coordenou todo o evento. Quero uma lista com os nomes dos funcionários da produção que deram suporte ao *show*. Preciso descobrir também quem tinha acesso ao camarim do tal MC, porque notei que não há nenhuma câmera de segurança no corredor.

Mike estava anotando tudo em um bloco de notas, assentindo com a cabeça de vez em quando e murmurando uma ou outra palavra enquanto escrevia. Trabalhava com Nicolas havia bastante tempo e sabia que, para acompanhar o ritmo acelerado do investigador, era preciso ser bastante ágil.

Alguns minutos depois, um homem levemente corcunda e dono de uma barriguinha saliente e olhar assustado entrou no camarim. Usava uma camiseta branca com o nome da empresa que representava estampado no peito. Desviou a visão para o corpo de Testa, e seus olhos pareceram ficar ainda mais apavorados. Nicolas fez um sinal para que Mike fosse atrás do que ele lhe pedira e voltou-se para o homem que chegara.

— Você é o supervisor responsável pela organização do *show*?

— Não é bem esse meu cargo, mas pode-se dizer que sim. Estou na liderança aqui.

— Ótimo. Vamos conversar em outro lugar. Os peritos já estão a caminho para analisar melhor a cena do crime e devemos mantê-la intacta.

O homem levou Nicolas a uma sala vizinha, do mesmo tamanho que o camarim de Testa, mas que fora adaptada para se parecer com uma sala de reuniões. Havia nela algumas cadeiras dispostas em semicírculo, um telão branco na parede e várias caixas de som, cabos grossos estendidos pelo chão, holofotes e outros acessórios necessários para o *show*.

Quando eles se sentaram, o homem adiantou-se para se apresentar:

— Eu me chamo Cordeiro. Alaor Cordeiro. Nossa empresa foi contratada pela prefeitura para organizarmos o *show* de MC Testa. Em mais de dez anos atuando nessa área, nunca houve nada parecido. Estou muito abalado.

— Além de você, quantas pessoas compõem sua equipe?

— Contando com os caras que montaram o palco, somos ao todo quatorze trabalhadores.

— Quero o nome de todos eles e uma declaração de onde cada um estava durante a apresentação do cantor.

— Durante o *show*, incluindo os seguranças, estávamos em dez. Sei que é um número pequeno, se levarmos em conta as dimensões do evento que estava rolando até que... — Ele estremeceu e pareceu engolir o choro.

— Assim que recebi o chamado para comparecer aqui, fui informado de que o MC estava cantando suas músicas normalmente até decidir realizar uma pausa de alguns minutos. Ele, então, foi para o camarim e não retornou mais. O que aconteceu em seguida?

— Ele decidiu fazer uma brincadeira com os fãs, que consistia em jogar seu relógio para a plateia; quem o pegasse teria o direito de ir ao camarim e curtir alguns breves instantes com Testa. Não sabíamos que ele faria isso, pois Testa não nos comunicou antes.

— A jovem que pegou o relógio foi a mesma que encontrou o corpo de Testa?

— Exatamente. Os seguranças ouviram seus gritos e foram até lá. Ela está em choque e não conseguiu nos contar muita coisa. Descobrimos que ela mora com a avó, que já chegou. Elas vão conversar com o senhor.

— Ótimo. Farei isso daqui a pouco. Continue, por favor.

— Quando descobrimos que Testa estava morto, fomos ao palco e explicamos para o público que o *show* seria interrompido, pois o MC estava passando mal. — Alaor passou a mão pela testa a fim de enxugar o suor. — Desculpe-me pela mentira, mas foi a melhor saída que encontramos para dispensar os fãs. Mesmo assim, ainda há dezenas deles por aqui, aguardando notícias do ídolo.

— Foi uma boa solução para o momento. Decidiremos depois como a notícia de seu assassinato será divulgada à imprensa. Quero que peça aos seus homens que não comentem nada sobre o que houve aqui. Como temos uma investigação policial em andamento, eu não gostaria que nenhuma informação distorcida vazasse para a mídia, pois isso pode nos atrapalhar bastante e afugentar o assassino. Se quisermos encontrar o responsável pela morte do cantor, devemos nos certificar de que todas as arestas estão bem aparadas. Fui claro?

— Sim, muito claro. Já acompanhei o senhor pela televisão atuando na solução de outros crimes que aconteceram em nossa cidade. Sei que é extremamente competente no que faz e que, cedo ou tarde, esse criminoso será levado para a cadeia.

— É o que também espero. Notei que não há câmeras de segurança por aqui.

— Não. Vou lhe explicar o motivo, senhor Bartole. Tudo aqui foi montado às pressas. Tivemos cinco dias para pensar em tudo e três para montar o palco. Como era um *show* em área aberta, criamos toda essa estrutura adicional ao palco para que pudéssemos ter um camarim para o Testa, esta sala de reunião — que também armazena nossos equipamentos de reserva —, um refeitório, alguns banheiros etc. Contudo, se fôssemos incluir instalação de câmeras de monitoramento, o serviço ficaria muito mais caro e talvez a prefeitura recuasse. O prefeito já desembolsou cem mil reais para o cachê de Testa. Bem... — O homem piscou seus olhinhos espantados. — Agora, ele não poderá mais fazer uso desse dinheiro.

— É uma boa grana, considerando que estamos falando de verba pública.

— Sim, muito dinheiro. Isso sem falar no valor que nossa empresa recebeu para organizarmos tudo. Mas até que ele cobrou pouco. Soube que, em cidades maiores como Rio de Janeiro e São Paulo, Testa chegava a cobrar até duzentos e cinquenta mil por um único *show*. Ele dizia que sua fama e seus status lhe permitiam que valorizasse o próprio trabalho. — Alaor voltou a secar a testa. — Droga! É muito esquisito referir-se ao cara usando o verbo no passado, quando ele estava cantando há menos de uma hora e meia.

— E onde você estava durante o intervalo do *show* de Testa?

Alaor encarou os olhos azuis-escuros de Nicolas e tentou sondá-los. Como não enxergou nada ali, sacudiu os ombros.

— Correndo pra lá e pra cá. Isso aqui fica uma loucura quando um *show* está em andamento.

Não podemos permitir que falhas aconteçam ou que alguma coisa fuja ao nosso controle. Eu estava no palco, tenho quase certeza disso. Sim, vi quando ele jogou o relógio e a moça o pegou.

Nicolas o encarou atentamente por alguns instantes, e logo a testa do supervisor encharcou-se de suor novamente.

— Havia aqui algum tipo de camarote para convidados especiais, imprensa ou pessoas mais abastadas?

— Sim. Nós chamamos de área VIP. O senhor quer conhecer o espaço?

— Daqui a pouco irei lá. Preciso que me forneça um mapa do local. Entradas e saídas para o camarim, rotas de fuga, saídas de emergência. Imagino que as pessoas tenham sido revistadas antes de entrarem aqui.

— Bem... o público foi. Pelo menos, os guardas municipais revistaram os homens. As mulheres geralmente apenas mostram o conteúdo de suas bolsas. Não esperamos que mulheres andem armadas.

— Pois lhe digo que já lidei com casos em que mulheres orquestraram e cometeram crimes tão terríveis que o deixariam insone por uma semana. Não subestime o sexo feminino nem para coisas boas nem para as ruins.

— Sim, sim, perdoe-me. Estou muito abalado — repetiu.

— As pessoas que estavam na área VIP tinham acesso fácil ao camarim?

— Sim, sem precisar de identificação. Eram todas pessoas de confiança de MC Testa, além de alguns membros da equipe que o acompanhavam.

Uma luzinha de alerta acendeu-se na mente de Nicolas. Aquela informação fora a mais interessante até o momento.

— Presumo que elas também não tenham sido revistadas.

— Não, senhor. Como lhe disse, eram os amigos de Testa. Eles...

— Ou seja, se um deles estivesse portando uma faca, ninguém teria observado ou prestado atenção ao fato.

— Sim...

Como Nicolas já imaginava, a mão de Alaor novamente voltou à testa para enxugar o suor. Se tivesse que conversar mais uma vez com aquela criatura, Nicolas lhe entregaria uma toalhinha.

— Sabe dizer quantas pessoas estavam na área VIP?

— Acho que dez. Uma dúzia, no máximo. Não comporta um número maior do que esse.

— Consegue a lista de todos eles para mim?

— Claro. Temos esse registro. O senhor acha que foi um deles que...

— Por enquanto, não acho nada. Há mais alguma coisa que queira me contar?

— Até onde me lembro, não. Mas garanto que, se pensar em algo mais, o senhor será o primeiro a ser informado.

— Obrigado. Gostaria de conversar com a adolescente que encontrou a vítima. Depois, quero percorrer todos os espaços e conhecer o palco.

— Pode contar comigo. Vou trazê-las até aqui.

Assim que o homem saiu apressado, Mike entrou.

— E aí? Acha que pode ter sido ele?

— Seria burrice cometer um crime aqui, já que isso certamente mancharia a imagem da empresa. A falta de segurança e vigilância certamente "queimarão o filme" dele.

— Soube que havia dez pessoas na área VIP. Pessoas muito próximas a MC Testa.

— Vou começar a investigação por essa turma. Soube que essas pessoas não foram revistadas ao chegarem aqui. Quem quer que tenha esfaqueado Testa fez isso pela frente. Os peritos e a doutora Ema confirmarão minha hipótese depois, mas tenho certeza de que o MC não teve tempo para reagir. Acredito que ele não esperava que a pessoa, em quem provavelmente confiava de certa forma, estivesse ali para matá-lo. Tudo deve ter acontecido muito rápido. O assassino ou a assassina talvez tenha sussurrado uma ou duas frases, mostrou a faca na mão enluvada e aplicou um golpe certeiro no coração de Testa.

"Acredito também que o assassino sabia que a fã ganhadora do relógio chegaria ali a qualquer instante. Julgo que o crime aconteceu em menos de um minuto. Dois, no máximo. A pessoa provavelmente saiu correndo para não ser flagrada. Não sei se foi atingida por respingos de sangue, porém, se isso aconteceu, pode ter passado pelo banheiro para se limpar ou mesmo para trocar-se. Mesmo assim, penso que o sangue de Testa não o atingiu, poupando-o de um trabalho que poderia até levantar mais suspeitas."

Mike concordou com um meneio de cabeça. Eles escutaram uma batida suave na porta. Ao voltarem-se, viram uma senhora de óculos e cabelos grisalhos de braços dados com uma jovem muito bonita, mas cuja maquiagem borrada tornava sua expressão um pouco sinistra. Ambas entraram na sala com passos lentos. Nicolas notou que a moça segurava um objeto dourado nas mãos.

— Sou o responsável pela investigação do assassinato de MC Testa. Meu nome é Nicolas Bartole. Gostaria de saber o seu.

Mike puxou duas cadeiras para que elas se acomodassem. A adolescente fungou, olhou para a avó e finalmente decidiu falar:

— Eu me chamo Amanda. Eu... — Ela interrompeu o que dizia e começou a soluçar.

— Minha querida, você precisa contar a eles tudo de que se lembra — incentivou a avó, afagando os cabelos da moça.

— Como vocês já devem saber, Testa fez uma brincadeira com a plateia. — Ela encarou Nicolas mostrando seus olhos inchados e avermelhados de tanto chorar. — Quem conseguisse pegar o relógio de Testa, ficaria com o acessório de presente e ainda poderia ir até seu camarote. Nem sei como tive tanta sorte de conseguir pegar o prêmio em meio a tantas pessoas desesperadas. — Ela abriu as mãos e mostrou o acessório. Em um primeiro olhar, a peça parecia ser feita de ouro maciço. Havia ainda pequenos *strass* brilhantes adornando a corrente, que Nicolas suspeitou que fossem diminutos diamantes. — Só que, depois do que aconteceu, penso que não foi uma questão de sorte. Estou muito traumatizada.

— Tem motivos para estar assim. — Nicolas a confortou. — Imagino que deseje que a justiça seja feita por MC Testa, não é mesmo?

Amanda sacudiu a cabeça rapidamente em concordância. Mike, que havia notado um galão de água num canto da sala sobre um suporte, retornou trazendo dois copos descartáveis com água e os ofereceu às duas mulheres.

— Ela era muito fã desse homem — informou a avó. — Desde que veio morar comigo devido aos problemas psicológicos do pai, ela me contou que era fã de *funk*. Eu detesto esse gênero musical, pois...

— Vovó, por favor, não é sobre isso que eles querem saber — Amanda a repreendeu e depois voltou seu olhar triste a Nicolas. — Sim, quero que a justiça seja feita. Quem fez aquilo com meu lindo merece passar o resto da vida na cadeia.

— Conte-nos tudo o que se lembra desde que deixou a plateia para vir pra cá.

— Fui conduzida até aqui por um segurança. Eu estava perto do palco, mas havia um mar de gente em nosso caminho. Atrás do palco, esse homem me mostrou o trajeto até o camarim. Eu estava muito nervosa e ansiosa, pois realizaria meu sonho de ver meu cantor preferido tão de pertinho, de poder abraçá-lo... — Amanda caiu em um pranto profundo, sacudindo os ombros enquanto soluçava.

Pacientemente, Nicolas aguardou que ela se recompusesse.

— Agora, nunca mais o verei novamente... nem mesmo pelas redes sociais. Meu sonho nunca se tornará realidade.

— Continue, Amanda — estimulou Nicolas. — Você chegou ao corredor onde fica o camarim de Testa e depois?

— Assim que virei na curva para chegar à sala dele, tive a impressão de que alguém entrou correndo por uma porta, aquela que fica antes do camarim. Pensando com mais calma, acho que pode ter sido a pessoa que o matou.

Essa era a segunda informação interessante daquela noite. Nicolas chegou a se inclinar para frente.

— Você conseguiu ver quem era? Um homem, uma mulher? Consegue me passar a cor da roupa que a pessoa vestia?

— Não, nada. Sinto muito não poder ajudar com isso. — Amanda apertou a mão da avó como se buscasse forças. — Foi tudo muito rápido, meio que uma sombra, entende? Eu estava quase chorando de emoção, então minhas vistas estavam um tanto embaçadas. Meu Deus, eu deveria ter sido mais atenta... Agora, poderia ajudar a pegar o desgraçado que cometeu essa barbaridade.

— De qualquer forma, colocaremos as mãos nessa pessoa, mais cedo ou mais tarde — prometeu Nicolas. — Há algo a acrescentar?

— Só isso. Depois, entrei no camarim dele, porque bati e não escutei resposta. Fui até a cadeira dele, que estava de costas para a porta, e vi a faca e todo aquele sangue manchando a camiseta...

Amanda voltou a chorar, e Nicolas decidiu que, por ora, era o bastante. Pediria ao delegado

Elias que encaminhasse Amanda a um centro de apoio psicológico para que ela tivesse todo o suporte necessário. Além de ter o sonho destruído pela morte de seu ídolo, ainda enfrentara o chocante trauma de encontrá-lo morto.

Nicolas as dispensou e fez um sinal para Mike acompanhá-lo. Agora iniciaria a segunda parte da investigação, que consistia em conhecer todos os espaços daquele local e, quem sabe, encontrar alguma pista interessante.

Capítulo 3

Os peritos estavam a caminho, por isso, antes que eles chegassem e isolassem a cena do crime, Nicolas decidiu retornar ao camarim de MC Testa. Desta vez, procurou não prestar muita atenção ao corpo sentado na cadeira e sim ao entorno.

Para um espaço improvisado e construído em poucos dias, o local estava bem completo. Havia um tapete bege no centro da sala e duas araras com as roupas que Testa provavelmente trocaria nos intervalos do *show*. Nem era preciso conferi-las de perto para constatar que eram todas de marcas famosas e muito caras. Na bancada com o espelho, havia duas garrafas de água importada, energéticos e dois baseados. Nicolas sabia que, se revistasse os bolsos do cantor, encontraria mais alguns cigarros de maconha ou até mesmo algum entorpecente mais poderoso.

Do lado oposto, duas poltronas de aparência confortável ladeavam um vaso alto com uma planta florida. Em frente a elas, havia uma mesa com frutas tão perfeitas que pareciam ser artificiais. Nicolas apostaria que o MC não tocaria em nenhuma delas até o final de sua apresentação.

Calculou a distância entre a porta e a cadeira em que Testa estava. Uns cinco metros talvez? Era um percurso que seria vencido com poucos passos, muito rapidamente. Nicolas tentou imaginar como o crime se desenrolara. O assassino entrou sem bater, pois, do contrário, perderia tempo. Ao entrar no camarim, fechou a porta e dirigiu-se até onde o cantor estava sentado. O que ele teria dito ao MC? De repente, sacou a faca que trazia na roupa e, sem hesitação e usando de muita firmeza nas mãos, cravou-a de uma só vez no coração da vítima. Era um ato que requeria muita coragem e sangue-frio, fatores facilmente encontrados em uma pessoa com muito ódio ou desejo de vingança e que certamente já planejara tudo o que pretendia fazer. Sem perder tempo, saiu correndo porta afora, entrando em seguida na sala vizinha, no instante em que seu vulto foi avistado por Amanda.

Nicolas deduzia que toda a ação ocorrera em menos de dois minutos. Mais do que isso seria correr muitos riscos, pois o assassino poderia ser flagrado por Amanda, por algum segurança ou por um dos funcionários que organizara o *show*.

Havia muitas indagações pairando na mente de Nicolas como se fossem nuvens empurradas pelo vento. Mais tarde, tentaria colocar todas elas em ordem para que pudesse formular melhor uma linha de raciocínio, enxergando, assim, os fatos com mais clareza.

Quando recebeu o chamado de Elias informando-o de que deveria comparecer ao local do *show*, pois alguém fora assassinado, Nicolas saiu de casa às pressas e sem jantar. E agora, com a madrugada avançando rapidamente, não fazia ideia de quando encontraria uma pausa para dormir por algumas poucas horas antes de retomar suas atividades.

Ao chegar ao local do crime, Nicolas foi informado de que a organização do evento anunciara ao público que Testa não estava se sentindo bem e que por isso o *show* fora interrompido. Esse fora, na opinião do investigador, o maior erro que a produção cometera. Com isso, os membros da área VIP se retiraram dali, dispersando-se. Ao que parecia, alguns deles estavam aguardando notícias do lado externo, pois, com a chegada da polícia, todos foram impedidos de retornar ao camarote.

Mesmo sem saber quem eles eram ou sem ter visto seus rostos, Nicolas apostaria todo o seu dinheiro que o criminoso estava entre eles. Claro que valia a pena investigar cada funcionário da empresa organizadora, embora soubesse que isso seria perda de tempo. Quanto à plateia, composta em sua maioria por adolescentes, dificilmente os jovens teriam razões para matar o homem que amavam. Além disso, Nicolas soube que havia cerca de três mil jovens assistindo ao *show* e que muitos vieram de cidades vizinhas para o evento. Seria impossível investigar cada um deles.

Nicolas saiu do camarim de Testa, entrou na sala indicada por Amanda e não se surpreendeu ao perceber que ela dava acesso a dois banheiros e a uma escada, que levava exatamente ao camarote ou à área VIP. Ele acreditava que o trabalho todo fora facilitado para o assassino, que, após matar Testa, provavelmente entrou no banheiro, se limpou, guardou as luvas nos bolsos da calça ou em alguma mochila pequena e retornou para junto dos demais como se nada tivesse acontecido.

O assassino certamente permanecera ali fingindo normalidade, sorrindo e brincando com os outros convidados, até receber a notícia de que o MC não estava muito bem. Demonstrando surpresa, provavelmente até expressou compaixão. Como a polícia havia sido acionada, não permitiram que nenhum deles fosse ao encontro de Testa. Pelo menos, essa foi uma decisão coerente.

Mike aproximou-se de Nicolas trazendo uma folha de papel nas mãos.

— Alaor me entregou uma cópia da lista dos convidados da área VIP. Dez pessoas no total.

— Como Moira deve estar dormindo agora, veja com Elias qual policial pode começar a fazer o levantamento desses nomes. Quero endereços, meios de contato e, principalmente, a garantia de que nenhum deles saia desta cidade até segunda ordem.

— É pra já. — Mike pegou o celular e, enquanto aguardava a ligação completar, resmungou: — Se Moira está dormindo, com certeza está sonhando com o casamento.

— Considerando que vocês dois se casarão no mesmo dia, penso que seus sonhos também sejam povoados pelo mesmo tema.

O casamento da policial Moira com Willian, o irmão mais novo de Nicolas, aconteceria no próximo sábado, ou seja, faltava praticamente uma semana para o grande momento. Mike, por sua vez, trocaria alianças com Ariadne, a caçula da família Bartole. Todos haviam combinado que as cerimônias teriam muito mais impacto se ocorressem juntas, uma seguida da outra. Os amigos de Nicolas, assim como ele, aguardavam esse momento com bastante ansiedade.

— Por que eu sonharia com meu casamento, se terei Ariadne comigo todos os dias, todas as noites, todos... — Mike parou de tagarelar e assumiu uma postura mais séria ao ouvir a voz do delegado. — Doutor Elias, temos dez nomes que precisam ser investigados rapidamente. Bartole não quer que nenhum deles saia da cidade até segunda ordem.

— Todos suspeitos?

— O que o senhor acha? — Notando a malcriação, Mike corou e pigarreou. — Sinto muito, doutor Elias. Perdoe-me pela pergunta indiscreta.

— Você deve estar com sono. Vou relevar desta vez.

Mike começou a ditar os nomes para o delegado, enquanto Nicolas balançava a cabeça para os lados. Era preciso ter uma paciência do tamanho de um planeta com Mike, caso a pessoa não quisesse passar nervoso.

Mesmo a caminho do camarote, Nicolas estava atento à conversa. Sete nomes masculinos e três femininos. Como ele ainda não sabia o nome verdadeiro da vítima, não era possível concluir se um dos convidados tinha parentesco com Testa.

Como se adivinhasse seu pensamento, Mike desligou o telefone e começou a falar:

— Rodrigo Gardini Rócio, vinte e um anos. Nasceu aqui mesmo, em nossa cidade e é filho único. O apelido Testa veio do fato de a vítima ter uma testa gigante. Você notou, Bartole? Parece uma TV de LED.

— Mike, não é ético nem respeitoso criticar a vítima, que está morta a poucos metros de você.

— Isso é verdade, mas não é porque o cara morreu que a testa imensa dele vai desaparecer tão depressa.

— Quero fatos. O que mais descobriu sobre ele? Aliás, eu não tinha a informação de que você era funkeiro.

— Não sou, mas... — Mike deu de ombros. — Existem várias músicas de *funk* que fazem apologia ao sexo desregrado, ao consumo livre de drogas e ao estímulo ao crime, insinuando castigos e até mortes aos policiais. Testa também tinha algumas assim. Ele não era santo, não.

— Ah, é?

— Sim. Há uma letra de uma música dele que diz que os bandidos precisam roubar muita grana e caprichar na fuga em suas motos possantes, deixando os "coxinhas" ou os "botas", como eles nos chamam, para trás.

— Já investigou os antecedentes criminais dele?

— Farei isso, mas acompanhei algumas notícias de que Testa foi obrigado a prestar depoimento em algumas delegacias. Motivos: condução de veículo sob efeito de drogas e álcool, desacato a autoridades, porte de arma sem registro e presença de menores de idade em suas festas repletas de orgias. E isso é apenas o que eu sei.

— Ou seja, um cara desse nunca foi preso porque tinha dinheiro suficiente para garantir sua soltura, independentemente dos crimes que cometia.

— Bartole, as leis no Brasil são mais frouxas que a dentadura de minha avó.

— Mas vou garantir que elas sejam eficazes para a pessoa que tirou a vida desse sujeito, mesmo que, aparentemente, ele não fosse o melhor ser humano do mundo.

Nicolas e Mike entraram na área VIP. Era uma sala retangular, muito espaçosa e bem decorada. Vários sofás e cadeiras confortáveis estavam espalhados pelo ambiente. Havia um ar-condicionado móvel, três frigobares bem abastecidos, garrafas térmicas com café e chá, e mesas coloridas, sobre as quais havia cinzeiros com algumas guimbas. Dois aromas diferentes se destacavam ali: o cheiro forte de maconha e o odor adocicado de essência para narguilé. Uma das laterais desse salão dava uma vista perfeita para o palco. Dali, podiam acompanhar de perto cada movimento do cantor.

Daquele ângulo, o assassino ouvira as últimas palavras de Testa e vira-o cantar sua última música, sabendo que a vida bem-sucedida do MC estava prestes a ser bruscamente interrompida.

— Pelo que entendi, aqui estavam somente as pessoas conhecidas de Testa. — Mike foi girando o corpo lentamente, como se tivesse deixado escapar algo importante. — E uma delas teve passe livre para fazer o que fez. Por que matá-lo aqui, se poderia fazê-lo em outro local, valendo-se de outros meios menos arriscados?

— Porque havia aqui muitas pessoas, tanto os demais convidados VIPs, quanto os funcionários da produção do *show*. Isso sem mencionar os milhares de jovens lá fora. A ideia era ganhar tempo, misturar-se na multidão, tentar passar despercebido. Ninguém traz uma faca grande e afiada consigo se não tiver um bom objetivo para ela.

Mike foi obrigado a concordar com Nicolas.

— Quando a doutora Ema nos passar seu relatório, nos dará mais detalhes sobre o golpe mortal, porém, o que nos interessa agora é rastrear essas pessoas o mais rápido possível. Caso uma delas saia da cidade, quero que ela seja localizada e trazida diretamente à delegacia para prestar depoimento.

— Estamos falando de pessoas com grana, Bartole. Testa ostentava seu dinheiro do melhor jeito que conseguia: carros luxuosos, roupas caríssimas, bebidas importadas, acessórios valiosos, mulheres lindíssimas, que ele comprava com facilidade, e por aí vai. Não creio que com os amigos dele o esquema fosse muito diferente.

— Não me importo com isso. O cara pode ter milhões na conta ou nenhum centavo na carteira.

Se for um suspeito, será tratado como qualquer outro.

— É por isso que sou seu fã, Bartole. Confesso que não gostava de Testa; gostava apenas de algumas de suas músicas menos agressivas. Mas nada se compara ao grande astro do momento! — Mike uniu as duas mãos e levou-as próximas à boca, simulando que falava ao microfone. — Galera, com vocês, MC Bartole, que vai cantar sua nova música chamada "Caçando Assassinos"! Cadê os aplausos?

Nicolas foi obrigado a rir. Ter Mike como parceiro era garantia de descontração nos momentos mais tensos de uma investigação.

***

Nas horas seguintes, Nicolas e Mike interrogaram todos os outros homens que trabalhavam com Alaor, desde os seguranças aos responsáveis pela limpeza. Alguns se mostraram nervosos, e outros aparentavam estar tristes ou preocupados. Alguns suspeitos tiveram atitudes que poderiam chamar a atenção de Nicolas, que, no entanto, pensava que, por ora, não valia a pena perder tempo tentando se aprofundar com alguém que ele sabia ser inocente.

Quando dispensou o último homem, Nicolas sentiu a exaustão correr por suas veias. O relógio marcava três e quinze da manhã, e ele estava com fome e sono. Mike já fizera diversas queixas de que seu estômago estava roncando, porém Nicolas o ignorara em todas as vezes. Afinal, o estômago do amigo roncava quase o tempo todo como um motor em eterno funcionamento.

Por ali, não havia muito mais a ser feito. Os peritos já estavam trabalhando e depois o cadáver seria removido para o necrotério municipal. A caminho de seu carro, Nicolas notou que havia vários jovens espalhados pela região, aguardando alguma notícia de Testa. Será que aquela molecada não tinha casa nem sentia sono?

Antes de voltar para casa, Nicolas decidiu que passaria antes na delegacia, onde Elias já estava a postos. Queria conferir se já tinham mais informações sobre o grupo VIP, pois pretendia abordar todos eles assim que o dia clareasse, ou seja, cochilaria somente por um pouco mais de uma hora.

A caminho da delegacia, dispensou Mike, que desceu do carro quase correndo, louco para encontrar sua geladeira e petiscar algumas guloseimas antes de jogar-se na cama. Nicolas, então, dirigiu depressa pelas ruas escuras e desertas da cidade e, momentos depois, já estava na sala de Elias.

O delegado ainda não completara cinquenta anos, mas vários fios brancos prateavam sua cabeça. Elias era pequeno, magro e ágil. Em seu rosto havia um nariz colossal, situado entre dois olhos perspicazes e observadores, moldados pela experiência que seu cargo requeria.

Estava sentado à sua mesa de trabalho, em que havia alguns papéis, um porta-caneta e seu celular. Ao fundo, uma bandeira do Brasil e outra do Estado de São Paulo eram separadas pelo brasão da polícia retratado em uma parede.

— A coisa estava muito feia por lá, Bartole?

— A lâmina de uma faca foi fincada no coração do cantor, pondo fim à vida de sucesso dele. Como ela foi cravada até o cabo, e eu não toquei na arma do crime, não conseguimos observar o tamanho da lâmina. Mas com certeza não era muito pequena.

— Qual é seu relatório inicial?

— Um palco montado para um único *show* com uma estrutura muito bem organizada. A empresa contratada pela prefeitura é boa no que faz. Já conversei com todos os funcionários presentes, e meu instinto me diz que eles estão limpos. Havia um camarote lá que eles chamam de área VIP e dava acesso direto ao corredor que levava ao camarim onde o MC foi morto. É por isso que aposto minhas fichas que alguém que esteve nesse lugar é o responsável pelo crime.

— Já estou com as informações que você vai precisar. — Elias olhou para a tela de seu computador e virou o monitor para Bartole. — Como já foi informado, havia dez pessoas ali, e acredito que todas elas estavam a convite do próprio cantor. O primeiro deles é o DJ que costumava participar dos *shows* do amigo falecido. Ainda não sei por que ele não estava no palco, trabalhando naqueles acessórios que remixam as músicas. O nome dele é Arthur Túlio e é mais conhecido como DJ Tutu.

A foto do rapaz surgiu na tela. Nicolas assentiu e anotou tópicos que considerava mais importantes.

— Temos também Patrick Lopes, um homem dono de muito dinheiro. Ele é o proprietário da produtora e gravadora por meio da qual Testa lançava suas músicas, assim como vários outros MCs. Seu canal no YouTube tem mais de vinte milhões de inscritos.

Mais uma vez, Nicolas observou a imagem de Patrick e percebeu só pelo olhar daquele sujeito que ele lhe daria trabalho.

— Esse aqui é conhecido como Monstrão. Consegue adivinhar o motivo?

Nicolas encarou a imagem de um homem com o rosto coberto por tatuagens. Além disso, ele usava *dreadlocks,* alargadores nas orelhas e uma argola enorme no nariz.

— A aparência dele certamente não o ajudaria a ilustrar uma capa de revista de moda.

— E esse nem seria seu desejo. Monstrão é um dos tatuadores mais famosos do Brasil. Foi ele quem fez todas as tatuagens de Testa, além de desenhar na pele de vários outros cantores de *funk*.

A imagem um pouco assustadora de Monstrão foi substituída pelo rosto de uma jovem de beleza ímpar. Era loira, tinha olhos verdes e uma expressão serena.

— Yasmim Bueno é a namorada atual de Testa.

— Atual?

— Sim, mas a ex também estava no camarote. — Elias trocou a imagem de Yasmim pela de uma garota ruiva, tão bonita quanto a primeira. — Charlotte Veiga. Não me pergunte por que um cara levaria a atual namorada e a ex para o mesmo lugar. Também não tenho ideia da relação que elas mantêm entre si. Será que são amigas? Em um mundo onde esses caras costumam envolver mais de uma pessoa nas relações sexuais, isso não me surpreenderia.

Nicolas continuava registrando pontos que considerava relevantes.

— Vamos ao próximo. Esse aqui é bem famoso também. Já o viu?

Era um rapaz tão jovem quanto Testa, mas dono de um rosto mais rechonchudo. Na foto, o jovem estava recebendo um beijo duplo dado por duas morenas.

— Esse é o MC Apocalipse. É bastante famoso também, mas acho que não tanto quanto

Testa. Não sei se ele faria uma participação surpresa no *show*.

— Por qual razão todos eles gostam de nomear-se com esses apelidos esquisitos?

— Também não sei responder a essa pergunta, Bartole. — Elias coçou a ponta do seu nariz comprido e prosseguiu: — Esse é Lucca Penteado, o melhor amigo de Testa. Isso foi o que nosso policial conseguiu apurar.

Lucca Penteado parecia ser um adolescente tímido e comportado — que destoava um pouco da aparência extravagante dos demais —, mas Nicolas observou que o jovem tinha olhos frios.

— Já esse outro costumava seguir Testa aonde ele fosse. Seu nome é Kevin Tavares. Dizem que foi o responsável por descobrir o talento de Testa e o levar à fama. É uma espécie de agente do cantor ou talvez um tipo de mentor.

— Sei.

Uma nova mulher surgiu no monitor. Essa era ainda mais bonita do que as duas primeiras. Era morena, tinha olhos azuis e dentes perfeitos.

— Sílvia Martins, a motorista particular de Testa.

— O cara tinha uma motorista? E a namorada não sentia ciúmes dela?

— É a mesma dúvida que tenho sobre a ex da vítima, presente ali também. Não sei qual é a convivência dessa gente, Bartole. O mundo do *funk* é avesso ao meu mundo.

— E para finalizar?

Um homem de cabelos brancos e rosto marcado por algumas rugas apareceu no monitor. Tinha uma testa tão proeminente quanto a do MC falecido. Seus traços também eram semelhantes aos do rapaz. Nicolas não aguardou que Elias o apresentasse e adiantou-se:

— É o pai dele?

— Sim. João Borges Rócio.

— O pai de MC Testa era tão fã do filho a ponto de estar em um ambiente onde a galera queimava uns baseados?

— É o que você terá de descobrir, Bartole. Essas são as dez pessoas que estavam no camarote.

Elias clicou em um ponto da tela, colocando os rostos de todos os dez suspeitos lado a lado. Nicolas olhou para as imagens por alguns momentos. Algumas expressões pareceram-lhe neutras, outras gélidas, outras pacíficas. Qual deles teria matado Testa? Será que mais de um participara do assassinato, dando cobertura ao que esfaqueara o cantor? E qual seria a motivação do crime? Aparentemente, todos eles eram pessoas queridas de Testa, o que explicava o privilégio de estarem ali. Entretanto, era óbvio que um deles odiava o rapaz a ponto de assassiná-lo. Mas qual deles?

— Já pedi a alguns policiais que procurassem essas pessoas nos hotéis em que estão hospedadas e lhes ordenassem que não saíssem da cidade. Com exceção do pai dele, que mora aqui, todos os demais residem em São Paulo ou em cidades próximas à capital.

— Isso é ótimo. Bem, preciso comer alguma coisa e dormir um pouquinho para recomeçar o dia mais revigorado.

Nicolas levantou-se, e Elias fez o mesmo. O delegado contornou a mesa e esboçou um movimento circular com um dos pés.

— Ainda sente dor?

— Às vezes. O médico me garantiu que posso até jogar bola, mas ainda sinto algumas fisgadas de vez em quando.

Meses atrás, Elias caíra das escadas e fraturara o tornozelo, tendo de ficar afastado do trabalho por algum tempo. Em seu lugar, uma delegada que jorrava sensualidade como uma fonte o substituíra. Nicolas teve sérios problemas com ela, mas, felizmente, nunca mais tornou a vê-la.

— Daqui a pouco, teremos de lidar com a imprensa — emendou Elias. — Vamos pensar na melhor abordagem para dar a notícia. A morte dele vai gerar comoção no país inteiro.

— Que saco tudo isso! — Nicolas seguiu devagar para a porta, olhando para Elias por cima do ombro. — Até daqui a pouco.

Capítulo 4

Sobre pequenas chamas azuis, as panelas aqueciam o jantar, que estava muitas horas atrasado. Anos antes, se alguém lhe dissesse que ela estaria preparando comida às quatro horas da manhã para seu marido, teria certamente dado boas risadas. Afinal, Miah Fiorentino nunca foi uma cozinheira de forno e fogão.

Algumas horas atrás, tudo transcorria normalmente com Nicolas e Miah, que estavam deitados assistindo a uma série policial na TV. Ele adorava esse tipo de programação e, em absolutamente todos os episódios, conseguia descobrir quem era o assassino antes que a revelação acontecesse. Ela não sabia qual era a graça de assistir a programas que estivessem relacionados à sua área de atuação, mas não se importava, desde que isso trouxesse alguns momentos de prazer ao lado do homem por quem era apaixonada.

Assim que o capítulo da série terminasse, eles cozinhariam juntos e depois se deitariam. Na cozinha, o casal formava uma verdadeira dupla desastrosa. A habilidade que tinham de preparar uma refeição decente era a mesma de uma freira em um torneio de tiro ao alvo. Por isso, era muito comum pedirem comida fora ou lanches mais calóricos como pizzas, beirutes e hambúrgueres.

Então houve o telefonema de Elias, convocando Nicolas imediatamente. Nem foi preciso perguntar o que tinha acontecido, pois, quando um investigador de homicídios era chamado, obviamente alguém fora assassinado. Uma semana antes, havia acontecido a mesma coisa. Passava das vinte e três horas quando o investigador precisou sair de casa às pressas para atender a uma emergência: uma mulher de vinte e poucos anos fora encontrada morta em um terreno baldio nos fundos do prédio em que morava, com sinais claros de asfixia. Graças à competência de Nicolas e de sua equipe, o responsável pelo crime foi encontrado horas depois. Tratava-se de um ex-namorado da moça, que, inconformado com o término do relacionamento, decidiu matá-la. A jovem acabara de passar no vestibular de uma universidade, e, mesmo sem conhecer a vítima, Miah ficara entristecida com a situação. Mais um caso de feminicídio dentre tantos que ocorriam diariamente no Brasil. Ao menos, naquele caso, a família da moça tivera a sorte de contar com Nicolas na investigação, e, ainda que a vida da jovem jamais pudesse ser restabelecida, a justiça fora feita com a prisão do criminoso.

Para tentar dissipar as lembranças desse caso, Miah respirou fundo enquanto conferia se o arroz estava pronto. Desta vez, até que não havia ficado tão ruim. No jantar da noite retrasada, os grãos ficaram grudados como amantes, e ela riu enquanto observava Nicolas tentar separá-los com o garfo. A carne de panela também não estava semelhante a blocos de carvão e o feijão tinha uma aparência simpática. Nicolas nem poderia exigir muito àquele horário. Ela mesma não conseguiria comer uma refeição mais pesada com o dia prestes a clarear, no entanto, sabia que o marido chegaria da rua faminto. Havia pouco, ele lhe telefonara para informar que já estava a caminho de casa.

Sobre a pia, uma salada simples, composta por alface, tomate e cebola fatiada. Estava ótimo, e era tudo o que ela sabia fazer. Adicionou umas pedrinhas de gelo na jarra que continha suco de melancia e deu uma última checada nas panelas. Em sua opinião, tudo o que fizera era digno de um *chef* renomado internacionalmente. Certamente, se a insuportável da mãe de Nicolas estivesse ali, a teria criticado até o último de seus dias de vida.

Uma enorme gata branca, dona de olhos azuis brilhantes, que pareciam pequenas safiras, entrou na cozinha e entrelaçou-se nas pernas de Miah. Moveu seu focinho com intensidade, captando os odores agradáveis que vinham de cima do fogão. Miah assoprou um beijo para ela.

— Seu papai já está chegando, meu amor.

Érica pareceu compreender a mensagem, pois seus olhos estreitaram-se e ela se retirou com delicadeza, parecendo bastante contrariada com o que escutara de Miah. A relação de amor e ódio entre a gata e Nicolas já se estendia havia alguns anos e não parecia estar prestes a terminar, nem mesmo a dar uma trégua. Miah divertia-se com os dois.

Percebeu que estava cantarolando uma música antiga, cuja letra surgira repentinamente em sua cabeça, e atribuiu o fato à expectativa e alegria que vinha sentindo nos últimos dias. O período de sua licença-maternidade estava chegando ao fim. Dentro de mais dois dias, voltaria ao trabalho e a fazer o que tanto amava: divulgar notícias aos telespectadores. Miah era uma jornalista nata e desenvolvia seu trabalho com zelo e presteza, fosse em campo, em reportagens nas ruas, fosse como apresentadora nos jornais televisivos.

Ainda não sabia quem havia morrido dessa vez, mas mal podia esperar para auxiliar o marido na investigação abrindo caminhos aos quais o jornalismo muitas vezes tinha acesso. Também não fazia ideia da atmosfera que encontraria nos estúdios da TV da Cidade. Quatro meses antes, o casal de proprietários da emissora fora assassinado nos bastidores e por pouco Miah não foi acusada pelo duplo homicídio. Sabia que a empresa vinha sendo administrada por um ex-diretor de novelas, pois os filhos do casal não quiseram assumir o comando da emissora. Miah não fazia ideia de como era a política da nova gestão, embora Ed, seu parceiro de trabalho, e alguns outros colegas lhe informaram que estavam apreciando bastante a nova chefia e que a repórter estava sendo aguardada por todos com muita ansiedade.

Retornar ao trabalho também lhe serviria de rota de fuga, pois assim poderia passar mais tempo distante do pequenino ser que repousava em um dos quartos. Naqueles últimos meses, passara a desempenhar seu papel materno e estava se saindo até melhor do que imaginara. Mesmo assim, não havia santo que a fizesse simpatizar com Manoel. Ela não gostava de encará-lo ou de oferecer-lhe o seio para que ele sugasse o leite. Evitava tocá-lo sempre que era possível. Nos momentos de troca e higienização, procurava fazer as coisas às pressas, para que tivesse o menor tempo de contato físico com ele. Não era negligente nem deixava que nada lhe faltasse, no entanto, fazia as tarefas por obrigação, a contragosto.

Nicolas havia dito a Miah que a mãe de Mike aceitara o convite para cuidar do bebê quando ela voltasse a trabalhar, momento pelo qual a repórter esperava ansiosamente. A presença de Manoel lhe causava muito mal-estar, mas Miah evitava comentar o assunto até mesmo com Nicolas, que, às vezes, achava que a esposa estava sendo exagerada e dramática. Por essa razão, a jovem mãe procurava guardar para si suas impressões sobre a criaturinha que estava adormecida dentro de um lindo bercinho.

Miah sabia que um espírito ruim reencarnara naquele pequeno corpo, mas Marian, a irmã espiritualista de Nicolas, não apreciava muito o termo "espírito ruim". Ela sempre dizia que a maldade estava diretamente ligada a níveis de ignorância ou à falta de conhecimento sobre o bem. Miah discordava da cunhada, pois seus sonhos lhe revelaram lembranças de outra época, de outra vida, em que ela e aquele espírito trilharam o mesmo caminho.

Por meio daqueles sonhos reveladores, Miah soube que ele era um espírito cruel, vil e muito perigoso. Ela, inclusive, conseguira lembrar-se de seu nome, tamanha a riqueza de detalhes de seus sonhos. À época, chamava-se Dipak e fora um feiticeiro desalmado, que se comprazia em prejudicar os outros. Não sabia direito por que ele reencarnara como seu filho, mas apostava que isso tinha a ver com vingança e não com ajustes de pendências de encarnações passadas, como Marian lhe sugerira.

Quem o visse, ficaria encantado na mesma hora. Manoel era uma criança sorridente, dona de olhos azuis tão escuros quanto os do pai, fartos cabelos negros e um rosto angelical. Mas Miah — talvez por ser sua mãe ou devido aos sonhos reveladores — enxergava além daquela fachada. O olhar do bebê a assustava, e seus gestos e suas ações a preocupavam. De vez em quando, Manoel encarava fixamente uma pessoa, que começava a sentir uma dor de cabeça forte e repentina. Ela não estava muito certa de como ele conseguia fazer aquilo, mas pretendia descobrir o quanto antes.

Miah ouviu ruídos indicando que alguém estava à porta, passou a mão pela testa — como se assim tentasse afastar os pensamentos sobre Manoel — e saiu da cozinha no exato instante em que o marido entrava no apartamento. Nicolas, então, ficou ali parado, com um sorriso maroto nos lábios, contemplando-a. Amava-a. Sua visão lhe mostrava uma mulher magra, alta, com cabelos escuros e curtos, com fios repicados à altura do maxilar e de vários comprimentos. Seus olhos pareciam ser feitos do mais puro mel já produzido por abelhas. Eram dourados, expressivos e muito intensos. O rosto arredondado de Miah povoou os sonhos de Nicolas por muitos meses, tanto quando ele percebeu que estava se apaixonando por ela quanto nas noites em que sonhava com uma vida anterior, em que eles foram pessoas com personalidades muito distintas se comparadas com as que tinham atualmente.

— Disseram que neste apartamento eu encontraria a mulher mais linda do mundo. — Sorriu Nicolas, beijando Miah nos lábios.

— Acho que lhe passaram uma informação falsa, pois aqui só há uma mulher descabelada, sonolenta e cansada.

— Para mim, você sempre será belíssima, independentemente das condições. — Assim como Érica fizera havia pouco, Nicolas também farejou o ar. — O cheiro está realmente bom.

— Não sei se será um jantar atrasado ou um café da manhã antecipado.

— Um pouco de cada coisa.

Enquanto Nicolas tirava a arma e o distintivo, colocando-os sobre a mesinha de centro, Miah o observava. Ele sentou-se no sofá e tirou os sapatos, e ela notou que, apesar de o marido parecer bem-disposto, traços de sono e de exaustão marcavam seu rosto. Além de não ter dormido, também estava de barriga vazia.

— Um banho vai me cair bem.

— Ótimo. O jantar está pronto. Tente não demorar muito.

Com um dedo no queixo, uma expressão avaliadora e um sorriso malicioso na boca, Miah o viu tirar a camiseta e a calça. Ela sempre dizia às amigas que ganhara na loteria ao se casar com aquele homem. O corpo de Nicolas era todo constituído de músculos. Peitoral duro e majestoso, barriga reta e repleta de gominhos, coxas grossas e definidas, braços fortes e malhados. Ele usava os cabelos castanhos bem curtos, cortados à máquina dois. Seus olhos eram tão misteriosos quanto o céu noturno, de um azul deslumbrante. Em seu rosto quadrado e viril havia um charme adicional: uma pequena cicatriz próxima aos lábios.

— Você está muito gostoso! — ela exclamou para provocá-lo.

— Sempre fui. — Ele riu, caminhando em direção ao banheiro.

— Parece que agora está um pouco mais.

— Cuidado! Assediar um investigador policial pode lhe trazer problemas.

— Não ligo de correr esse risco.

Miah ainda estava rindo enquanto ele fechava a porta do banheiro, mas, ao se virar para as panelas, teve a impressão de ver um vulto semelhante a uma fumaça espessa desaparecer pela porta do quarto de Manoel. Tudo aconteceu muito rápido, em um relance que não durou um ou dois segundos. Intrigada, foi até o dormitório do bebê, abriu a porta e acendeu a luz. Não havia nada errado ali. O corpinho descansava dentro do berço com uma expressão suave na face. A babá eletrônica estava ali ao lado, caso fosse necessário. Ela cruzou os braços, como se sentisse um frio repentino e saiu dali apressada.

— Aí quando digo que não gosto desse bebê, sou criticada — resmungou sozinha retornando à cozinha. Não deixaria que aquilo atrapalhasse sua madrugada em claro.

Minutos depois, Nicolas estava de volta. Vestia uma bermuda preta e estava sem camisa. Foi ao encontro de Miah passando a toalha sobre os ombros.

— Quem morreu? — Foi a pergunta que Miah fez assim que o viu. Por ora, não pretendia comentar com ele o misterioso fato de minutos antes.

— MC Testa.

— O funkeiro famoso? — Miah arregalou os olhos. Imediatamente, saiu do modo cozinheira para assumir o modo repórter.

— Você o conhecia?

— Nunca tive contato direto com ele, mas uma vez fiz uma reportagem sobre a influência do *funk* nas regiões periféricas das grandes cidades. Sinto informar, mas essa investigação será muito barulhenta. Prepare-se para ser abordado constantemente pela mídia e pelos fãs que ele deixou.

— Inclusive pela minha repórter preferida, que voltará a trabalhar daqui a alguns dias.

— Exatamente. — Miah deu um beijo rápido na bochecha de Nicolas. — Como ele foi morto?

— Durante o *show* que estava fazendo no centro da cidade, MC Testa fez uma pausa, foi até o camarim, e a pessoa o pegou ali. — Nicolas rapidamente voltou ao banheiro para deixar a toalha. Ao reaparecer, prosseguiu: — Um único golpe de faca no peito resolveu o problema do assassino.

— Meu Deus! Testa era um dos MCs mais conhecidos do Brasil. Suas músicas estavam sempre em alta nas plataformas. Sempre que lançava algo, tinha milhões de acessos.

— Mike me disse a mesma coisa. Infelizmente, os organizadores do *show* dispensaram todas as pessoas presentes sem nos comunicar antecipadamente, e, com isso, o assassino fugiu. De qualquer forma, temos dez suspeitos até o momento.

— Dez?! — Mais uma vez, Miah arregalou os olhos e pegou dois pratos em um armário. No fim das contas, até ela estava faminta e comeria com o marido, mesmo que não fosse seu hábito àquele horário. — Além de barulhenta, esta será uma investigação bem complexa.

— Esses dez indivíduos estavam numa espécie de camarote, em um espaço que oferecia melhor visão do palco, contato direto com o cantor, drinques, bebidas, maconha e por aí vai... Ao que parece, todos eram pessoas de confiança de Testa.

— E um deles escapuliu até o camarim com uma faca escondida na roupa e apunhalou o rapaz sem dó nem piedade. Ou seja, traição e quebra de confiança.

— É mais ou menos isso. Elias está se certificando que nenhum deles saia da cidade até que possamos conversar com cada um. Aquele que desobedecer, será trazido imediatamente para a delegacia.

— Como lhe disse, não conhecia esse MC muito bem — continuou Miah, servindo a comida nos pratos —, porém sei que ele tinha muito dinheiro e adorava ostentar seu poder financeiro aos quatro cantos. Trazia o lema de que era um menino pobre, criado em um lar humilde, que chegara ao topo do Brasil graças ao *funk*. Ele não era somente um homem rico, meu amor; era um sujeito milionário.

— Vamos investigar se todo esse dinheiro era limpo, ou seja, se realmente foi originado a partir de suas canções e das apresentações que fazia. Os suspeitos são, em sua maioria, amigos e colegas de trabalho. Quero entender por que ele permitiu a entrada da ex-namorada, se sua atual namorada estava ali também. E preciso compreender o motivo do pai dele estar naquele ambiente, a menos que seja um fã inveterado do próprio filho. Já os demais parecem todos ter muito afeto pela vítima.

— Um deles o matou — lembrou Miah.

— Tenho quase certeza. Uma adolescente foi quem encontrou o corpo, mas bastou poucos minutos de conversa para que eu tivesse certeza de que ela não tem culpa no cartório.

Miah assentiu, reflexiva. Logo depois, já estavam jantando à mesa. E sim, ela estava de parabéns. Aquele era o arroz mais solto que ela cozinhara em meses, a carne estava apetitosa e o feijão realmente tinha sabor de feijão. Pontos para ela!

— Você mandou bem aqui — murmurou Nicolas de boca cheia.

Miah sorriu, sem muita modéstia. Adorava ser elogiada por Nicolas, mas, quando o agrado vinha de uma refeição preparada por ela, havia motivos para celebrar.

— Como você vai passar as próximas horas tentando solucionar esse assassinato, acho melhor mudarmos de assunto. Você não se esqueceu de que o casamento de Mike e de Moira com seus irmãos será nesse sábado, não é?

— Ele não me deixa esquecer disso. Hoje mesmo tocou no assunto.

— O que você não sabe é que nem Ariadne nem Moira compraram os vestidos. É mole? Onde já se viu uma noiva não comprar o item principal de um casamento, que é o vestido? Disseram que irão à loja hoje e comprarão qualquer coisa que acharem interessante. Aí pedirão para fazerem os ajustes às pressas e tudo ficará bem.

— Erradas elas não estão — disse Nicolas, experimentando o suco de melancia.

— Só estão atrasadas. Demais até. Mas enfim... Thierry e eu iremos com elas para dar uma força.

— Mike está bem agitado. Acho que ainda não caiu a ficha de que ele e Ariadne vão morar juntos. Espero que sejam muito felizes, mesmo considerando que eles brigam como gato e rato.

— Faz parte. De vez em quando, nós também temos algumas discussões e chegamos a soltar faíscas. — Miah fez um biquinho, e Nicolas riu, inclinando-se para beijá-la.

Enquanto eles terminavam o jantar, algo acontecia no quarto de Manoel. Vultos sombrios separaram-se uns dos outros e rodearam o berço da criança por alguns instantes. Logo após, ganharam contornos humanos, embora não fosse possível identificá-los. Eram quatro no total.

Posicionaram-se ao lado do berço e permaneceram parados ali. Sua massa etérea disforme movia-se como fumaça.

Manoel estava com os olhos abertos e sorria para eles.

Capítulo 5

Nicolas já estava de volta ao trabalho às sete da manhã. Deixar sua cama quentinha e confortável, além de se afastar dos braços de Miah, nem sempre era tarefa fácil, embora fosse necessária. Até aquele momento, a notícia da morte de MC Testa ainda não havia vazado, e ele esperava que continuasse assim, pelo menos por mais algumas horas.

João Borges vivia em um sobrado com a fachada pintada de verde-água e janelas tingidas num tom de verde mais escuro. Olhando por fora, parecia ser uma casa ampla com vários cômodos.

Para bocejar, Mike abriu uma boca tão grande quanto a entrada de um túnel, no momento em que Nicolas estacionava na frente do imóvel.

— Bartole, de vez em quando você não se questiona se está na profissão certa? Dormimos pouco, comemos menos ainda e quase sempre estamos cansados. Talvez devêssemos fazer outra coisa.

— E o que sugere? — Nicolas lançou um olhar curioso ao parceiro antes de sair do carro.

— Poderíamos abrir uma lojinha para vender produtos artesanais. Quais artigos você sabe produzir à mão?

Mike soltou uma escandalosa gargalhada.

— Não sei fazer nada, mas poderíamos contratar alguém que saiba. A ideia da loja é perfeita. Ela poderia se chamar Bartolike. Sei lá, uma mistura de nossos nomes.

— O nome não é muito criativo, embora seja interessante. Além disso, você está mentindo ao me dizer que come pouco. Na última vez em que o levei ao Caseiros, durante nossa investigação anterior, você quase esvaziou todo o *buffet* do restaurante. Está lembrado?

— Arre égua, Bartole! Você tem uma memória de elefante, sabia?

Nicolas deu de ombros enquanto tocava a campainha. Em algum lugar próximo dali, um passarinho cantarolava alegremente. A rua em que o pai do MC morava era arborizada e parecia ser tranquila.

Um homem com os cabelos inteiramente brancos abriu o portão. Seu rosto era bonito, mas as rugas proeminentes o envelheciam bastante. Tinha duas bolsas escuras sob os olhos, como se não dormisse há algumas noites. Sua testa era incrivelmente larga, característica que transmitiu ao filho e que lhe valeu o apelido artístico.

— O senhor... — Ele começou olhando fixamente para Nicolas e de repente empalideceu. — Conheço o senhor. É um investigador de...

— Podemos conversar lá dentro? Vamos tentar lhe tomar o menor tempo possível.

— Sim, sim, claro.

Ele abriu mais o portão para que os dois entrassem e os guiou até uma sala perfeitamente arrumada. Um conjunto de estofado cinza ficava de frente para uma TV grande fixada na parede. Quadros coloridos com imagens abstratas adornavam as paredes. Sobre um aparador antigo e bem cuidado havia um aquário onde pequenos peixes avermelhados nadavam. O piso era todo acarpetado, e um aroma de sândalo impregnava o espaço.

Nicolas reparou na estante que continha diversos bibelôs de cerâmica. Havia vários porta-retratos com imagens de Testa em diferentes fases de sua vida. Em uma delas, o cantor, aparentando cerca de cinco anos de idade, estava abraçado a João, em uma época em que seus cabelos ainda eram escuros. Em outra, o garotinho segurava uma bola de futebol e mostrava um largo sorriso, revelando a troca de dentição. Em outra ainda, ele estava entre João e uma mulher loira. Por fim, a última imagem mostrava Testa já adolescente, segurando um controle-remoto como se fosse um microfone. Ali, ele já dava indícios de que gostava de cantar, mesmo que nesse período ainda não fizesse a menor ideia de que seria conhecido no país inteiro.

— Os senhores aceitam um café ou uma água?

— Não, obrigado. — Antes de ser convidado, Nicolas sentou-se no sofá, e João o acompanhou. Mike permaneceu de pé, segurando seu bloco de notas e uma caneta. — Soube que o senhor esteve no *show* de seu filho, que ocorreu ontem à noite.

— É verdade. Não sei o que aconteceu com ele depois disso. Só nos contaram que meu filho estava passando mal, mas não nos deixaram ir até ele. Passei a noite em claro, muito preocupado com essa situação.

Essa informação era justificada pelas olheiras tão ressaltadas.

— O senhor não tentou entrar em contato com seu filho pelo celular?

— Testa jamais me atenderia. Aliás, ele vive trocando de número e de aparelho. Dentre todas as pessoas, eu seria a última com quem ele gostaria de conversar.

— Por que diz isso?

João respirou fundo e baixou o olhar para o carpete.

— Não temos uma relação muito boa.

Nicolas tornou a olhar para as fotos antigas na estante. Ao menos, naquela época, Testa parecia ter sido muito amado pelos pais.

— Pode nos falar sobre isso?

— O que aconteceu com ele? — João ergueu o rosto para Nicolas. — O senhor investiga assassinatos. Pelo amor de Deus, não me diga que...

Como Nicolas não respondeu, João colocou ambas as mãos sobre a boca e arregalou os olhos.

— Ele foi encontrado por uma fã. Os organizadores do *show* pediram que vocês saíssem para facilitar o trabalho da polícia, que já estava a caminho pouco após a confirmação da morte de Testa.

— Morte? Meu menino... — As mãos enrugadas de João tremeram, e lágrimas grossas verteram de seus olhos. — O que aconteceu?

Aquela era sempre a pior parte de uma investigação policial. Nicolas sabia que, no momento em que informava o ocorrido aos familiares da vítima, estava destruindo corações e sentimentos por toda uma vida.

— Alguém o apunhalou. Foi um golpe certeiro de faca.

Nicolas aguardou pacientemente João se recompor. Ele chorou por algum tempo, sacudindo os ombros entre soluços.

— Meu menino... — repetiu com voz sôfrega. — Como fizeram isso sem que ninguém percebesse?

— Isso não vem ao caso agora. Estamos investigando todas as possibilidades. Para que eu possa encontrar o responsável pela morte de seu filho, preciso que o senhor colabore com algumas informações. Sei o quanto é difícil receber uma notícia tão forte como essa à queima-roupa, no entanto, não há outra maneira de suavizar o ocorrido. O senhor é o pai, esteve no *show*, por isso foi a primeira pessoa com quem escolhi conversar.

João assentiu. Não fizera questão de enxugar as lágrimas do rosto, que cintilavam em suas bochechas à medida que ele movia a cabeça.

— Como era sua relação com Testa?

— Desculpe-me pela resposta, mas sempre detestei esse apelido horrível com o qual ele se autodenominou. O nome do meu filho é Rodrigo, e é assim que sempre irei chamá-lo. Quanto a nós dois, não há muito o que dizer. Ele não conversava comigo.

Intrigado, Nicolas questionou:

— Como assim? Eu soube que ele não morava com o senhor. Se vocês não se falavam, por que o senhor estava prestigiando o *show* dele?

— Vê aquele menino nas fotos? — João indicou a estante. — Aquele é o meu Rodrigo. O menino que minha esposa e eu criamos com tanto amor e carinho. Já aquele rapaz que estava cantando ontem parecia um desconhecido.

— O senhor e ele brigaram? — indagou Mike.

João ergueu o rosto para encarar o policial. Uma sombra de tristeza e a dor marcavam seu olhar.

— Não foi exatamente uma briga. Gina e eu fomos pais um pouco tarde. Eu estava com cinquenta anos quando minha esposa engravidou. Ela tinha quarenta e dois anos. Sempre tentamos ter filhos pelos meios naturais, mas nunca havíamos tido êxito. Então optamos por tratamentos para que ela engravidasse. Foram várias tentativas, desde fertilização *in vitro* à inseminação intrauterina. Parecia que nada funcionava, mesmo que exames anteriores mostrassem que não éramos estéreis. Até que finalmente aconteceu, em um momento em que praticamente já havíamos desistido.

João se levantou, caminhou até a estante e abriu duas portas de vidro na parte de baixo. Voltou trazendo um grosso álbum de fotografias e entregou-o a Nicolas.

— Por gentileza, abra na primeira página.

Assim que Nicolas fez isso, encontrou uma foto grande de um bebê rechonchudo, com os olhos bem abertos, usando um gorro azul. Havia um sorriso encantador em seus lábios.

— Foi a primeira foto que tiramos de Rodrigo no dia em que Gina recebeu alta da maternidade.

Como éramos pais mais velhos, sempre protegemos e mimamos demais o nosso garotinho. — João mostrou um sorriso desanimado. — Não foram poucas as vezes em que pensaram que erámos os avós dele. Continue olhando as fotos, se quiser.

Nicolas continuou observando os retratos. Testa tomando leite de uma enorme mamadeira; usando uniforme escolar no primeiro dia de aula; nadando em uma piscina com outras crianças no que parecia ser um clube; jogando futebol com o pai; sentado no colo da mãe em um cenário campestre; os três dentro de um avião. As fotos mostravam que Testa havia sido criado com muito amor pelos pais. Pelo menos, naquelas imagens, as expressões deles garantiam isso sem margem para desconfianças.

— Onde está sua esposa agora? — Quis saber Nicolas, devolvendo o álbum a João.

— Sobre uma cama, no quarto. Gina tem Alzheimer e não me reconhece mais. Começou logo após ela completar sessenta anos. Cedo demais, não acham?

Novas lágrimas brotaram dos olhos de João. Ele tentou secá-las com uma mão trêmula, pontilhada por sinais escuros provenientes da idade.

— Fomos tão felizes juntos. Agora a família se acabou. Gina não sabe mais quem ela é, Rodrigo está...

Ele começou a soluçar. Nicolas trocou um olhar com Mike, que saiu à procura da cozinha. Voltou logo após trazendo um copo com água, que ofereceu a João.

— Muito obrigado pela gentileza. — João bebericou um pequeno gole. — Ainda não respondi por que meu filho e eu nos distanciamos, não é mesmo? Muito bem. Quis que vissem as fotos para perceberem que sempre fizemos tudo o que estava ao nosso alcance para Rodrigo ter uma infância e adolescência felizes. Mas, após os quinze anos, ele começou a apresentar um comportamento diferente. Nosso filho sempre gostou de cantar, mas, até então, eram músicas infantis, inocentes. Certo dia, contudo, eu o ouvi cantando enquanto tomava banho. Na música, havia referência a drogas ilícitas e a mulheres nuas. Eu o questionei sobre isso, pois não havia gostado do que tinha escutado. Ele foi rude comigo. Disse que era uma música da moda e que, se eu não gostava de *funk*, isso era problema meu.

— Imagino que esse foi só o começo — argumentou Nicolas pensativo.

— Sim, exatamente. Não parou mais. Ele se trancava no quarto, colocava o som no último volume, para nos irritar. O problema, para mim, não era a música extremamente alta, mas o conteúdo das letras. Uma ou outra parecia mais respeitosa, falava sobre gratidão a Deus e à vida. Porém, quase todas incitavam as pessoas a fazer coisas erradas, como se fosse algo bonito cometer um assalto e fugir da polícia, arrastar um bando de mulheres para uma casa e participar de sexo em grupo, usar drogas com a mesma naturalidade de quem toma vitaminas... e isso não foi o pior. Rodrigo começou a se envolver com pessoas estranhas e a fazer amizades que me deixavam decepcionado. O pior deles foi Kevin Tavares. Graças a esse sujeito, meu filho se tornou aquele que estava cantando no palco na noite passada.

— Soube que foi Kevin quem o tornou famoso.

— Isso mesmo. Kevin diz ser o responsável por descobrir o talento de meu filho para o mundo do *funk*. Depois disso, tudo correu ladeira abaixo. Ele não queria mais que o chamassem por seu nome de batismo e se autodenominou Testa. Que apelido ridículo! Logo após, vieram as tatuagens. Quase toda semana, ele aparecia com uma nova nos braços, nas pernas, no peito... As piores foram as do rosto e do pescoço. Meu Deus!

— O *funk* o tornou um homem muito rico — interveio Mike.

— Não posso discordar disso. Mas de que adiantou tanta riqueza? Rodrigo nunca enviou um só centavo para nossa casa. Quando ele começou a se tornar conhecido e suas músicas caíram no gosto do público, passou a ganhar muito dinheiro. Como já era maior de idade, administrava os próprios recursos sem meu acompanhamento. Não demorou muito para comprar uma mansão em São Paulo. Nessa época, o Alzheimer de Gina dava seus primeiros sinais, mas isso não o comoveu. Rodrigo virou as costas para nós dois e foi viver a vida da maneira mais desregrada possível.

— O contato entre vocês foi se perdendo desde então?

— Ele quase não falava mais comigo — respondeu João olhando para Nicolas. — Não telefonava para nós em nossos aniversários ou em datas comemorativas, não atendia às minhas ligações e trocava de número constantemente. Parecia até que não queria ser incomodado pelos pais idosos. De vez em quando, ele aparecia na televisão dando entrevistas. Quando o via, quase não reconhecia nele o meu Rodrigo. Via ali um rapaz metido, prepotente, arrogante, usando um vocabulário esquisito, repleto de gírias estranhas. E sabe o que é o pior em tudo isso?

Nicolas aguardou que ele continuasse.

— Algumas de suas músicas ensinam as pessoas a valorizar os pais, a agradecer a Deus pela existência deles. Como ele pode abordar algo que não praticava? Todo o dinheiro que meu filho recebia — e que era muito — era investido em seus próprios luxos. Carros importados caríssimos, roupas de grife, mulheres belíssimas, viagens internacionais, joias e acessórios que valem verdadeiras fortunas. Não sei se ele era um homem feliz, apesar de possuir tanto dinheiro. Sempre que assistia a ele pela televisão, eu, sendo o pai dele, achava que algo ainda lhe faltava. Talvez o amor verdadeiro de uma mulher, já que o nosso ele dispensou quando decidiu sair daqui.

— Como o senhor foi parar na área VIP do *show* de ontem à noite?

— A cidade inteira estava em polvorosa com o *show* de Rodrigo. Não consigo chamá-lo de MC Testa, pois, além de não gostar dessa autodenominação horrorosa, nem sei direito o que é um MC. "O bom filho à casa torna" foi a propaganda que a prefeitura e seus patrocinadores estavam divulgando por aí. Pela primeira vez desde que se tornou tão famoso, ele faria uma apresentação em sua cidade natal. Então, três dias atrás, o telefone tocou. Era ele. Estava eufórico e certamente sob efeito de bebidas ou entorpecentes. Uma música muito alta tocava ao fundo, e quase não consegui ouvi-lo direito. Ele apenas me falou sobre o *show* e que gostaria que eu estivesse lá para prestigiá-lo, pois me faria uma homenagem ao final da apresentação. Certamente, mostraria ao público sua gratidão por mim, o que sabia não ser verdadeiro. Mesmo não concordando com nada disso, deixei Gina aos cuidados de uma enfermeira e fui até lá. Confesso que me senti horrorizado entre os amigos dele. Fumavam maconha perto de mim e nem se importaram com a presença de um senhor de setenta anos no local. Chegaram a me oferecer uns comprimidos coloridos, acredita? Disseram que eu ficaria "doidão".

— Como Testa, ou Rodrigo se preferir, reagiu ao revê-lo? — perguntou Mike.

— Ele me deu um abraço, mas não falou muita coisa comigo. Só me pediu para aguardá-lo ali, naquela sala que mais parecia um pedacinho do inferno. Explicou que me convidaria a ir ao palco com ele, assim que estivesse prestes a encerrar o *show*. Disse que eu ficaria orgulhoso do que ele tinha preparado. — A voz de João vacilou outra vez, embargada pelo pranto. — Eu nunca saberei, não é mesmo?

— Infelizmente, não.

— Jamais imaginaria que aquele seria nosso último abraço. O senhor disse que alguém o esfaqueou ali mesmo. Seja sincero, por favor. Está suspeitando de mim?

— O senhor teria motivos para fazer isso?

— Eu amava Rodrigo com todas as forças do meu coração. Ainda que ele tivesse nos virado as costas, nunca deixaria de amar meu menino. Só peço ao senhor que encontre o culpado o quanto antes e lhe dê o que merece. Independentemente de quem Rodrigo tenha se tornado, ele sempre será sempre meu garotinho, cuja vida foi interrompida violentamente.

— O assassino será encontrado — Nicolas garantiu, levantando-se. — E pode ter certeza de que ele será responsabilizado por isso. Muito obrigado por nos receber.

Capítulo 6

— Qual é sua opinião sobre o pai do MC? — Nicolas olhou para Mike dentro do carro, antes de virar a chave na ignição.

— Um homem que vai carregar esse sofrimento por muitos anos. Criou tão bem o único filho, após anos de tentativas para tê-lo, para no fim ser abandonado por ele. Além disso, deve ser muito triste conviver com a esposa nas condições em que ela está. Isso obriga João a carregar o fardo praticamente sozinho, pois Gina não tem condições cognitivas para apoiá-lo nesse momento tão difícil.

— Nessa primeira conversa, tive a mesma sensação. Um homem que já levava uma vida triste desde o Alzheimer da mulher e do abandono do filho. Agora, com o assassinato do MC Testa, as coisas, infelizmente, ficarão ainda piores para João.

— Você sentiu que ele culpa o *funk* pela transformação do filho?

— Talvez. O fato que mais o decepcionou foi Testa não seguir o que prega em suas músicas e, mesmo estando tão rico, nunca ter contribuído financeiramente com os pais. — Nicolas ligou o carro. — Vamos conversar com o próximo suspeito.

— Qual foi o escolhido de nossa longa lista?

— João citou que Testa começou a se tatuar muito cedo. Elias me contou que um dos suspeitos é um tatuador conhecido como Monstrão. Descubra em qual hotel ele está hospedado e vamos até lá.

Não demorou nem cinco minutos para que Mike obtivesse as respostas.

— Ele alugou uma casa pequena, quase na saída da cidade.

— Só espero que ele não tenha se aproveitado disso para escapar. Qual é o endereço?

Nicolas dirigiu depressa. O tráfego estava tranquilo àquela hora da manhã. A casa alugada pelo tatuador do MC ficava em uma área rural, afastada do burburinho central. Os únicos comércios próximos a ela eram uma farmácia, um mercado e uma tabacaria, que já estava aberta. Nicolas tinha certeza de que ele gastara algum dinheiro nos três estabelecimentos nas últimas horas.

Uma viatura estava parada a cerca de duzentos metros dali. Elias cumprira sua palavra de que garantiria a vigilância desse e dos demais suspeitos.

Nicolas testou a campainha, mas como não ouviu nenhum som, bateu palmas. O silêncio que se seguiu o fez tocar novamente a campainha. Por fim, ouviu uns resmungos vindos do interior e passos pesados aproximando-se do portão.

Um homem alto e moreno apareceu com os olhos contraídos e avermelhados, como se a luz do sol lhe ferisse as vistas. Usava *dreadlocks*, grossos como rolos de fumo, e em sua pele havia poucos espaços sem tatuagens. Aliás, ele escolhera uma ampla variedade de imagens, desde frases e desenhos pequenos e aleatórios a artes enormes. Alargadores brilhavam em suas orelhas, e o homem tinha uma argola dourada pendurada no nariz. Entre os dedos da mão, segurava um baseado do tamanho de um lápis.

Quando notou Mike ali, fardado e imponente, seus olhos ficaram ainda mais estreitos.

— O que eu fiz? Por que estão aqui? Nem moro nesta cidade.

— Muitas perguntas ao mesmo tempo! Sou eu quem as faz aqui. — Nicolas sorriu mostrando seu distintivo. — Você é o tatuador Monstrão?

— Ah, cara! Eu não fiz nada. Não vai me dizer que estão aqui só porque estou fumando isso. — Ergueu o baseado aceso.

— Jogue isso fora — ordenou Nicolas. — E não vamos conversar aqui na calçada.

— Tudo bem! — Obediente, Monstrão atirou o baseado no meio da rua, e aquele gesto pareceu lhe causar certo sofrimento. — Podem entrar.

A sala era pequena, quase desprovida de móveis. Ele a locara naquelas condições e, como pretendia voltar rapidamente para sua cidade, era o que encontrara para não gastar muito.

Como se adivinhasse os pensamentos de Nicolas, Monstrão explicou:

— Todos os meus amigos estão hospedados nos melhores hotéis da cidade. Tenho dinheiro para ficar lá também, mas esses lugares são muito cheios de frescuras. Eu não poderia fumar minha erva em paz sem que alguém viesse me perturbar ou reclamar.

— Você está sozinho aqui? — indagou Nicolas com um olhar duro.

— Não... Ah, mano, qual é? Um homem solteiro tem o direito de se divertir um pouco, sabia?

— Quantas mulheres estão lá dentro?

— Uma só. Não sei o nome dela nem me interessa saber. Ela foi paga para me satisfazer. Eu a encontrei em uma esquina qualquer e...

— Mike, certifique-se de que ele está dizendo a verdade.

Não foi preciso ir muito longe. Antes que Mike desse o primeiro passo, uma mulher magra e negra, usando somente uma camiseta larga, apareceu na soleira da porta. Seus cabelos estavam presos para trás e seus olhos estavam tão vermelhos quanto os de Monstrão. O odor forte de maconha estava impregnado com força por ali.

— O que está rolando? — ela perguntou parecendo sonolenta.

— Vista sua roupa e caia fora daqui — determinou Nicolas com secura na voz.

— Ora, mas ele nem me pagou ainda! — protestou a mulher.

— Dê o dinheiro a ela! Agora!

— Ah, cara! — repetiu Monstrão um tanto chateado. Seu cérebro demorou alguns segundos para processar a ordem, então ele foi até uma calça jeans, que estava jogada de qualquer jeito num canto da sala, e colheu várias cédulas de um dos bolsos. Separou algumas e depositou-as nas mãos da garota de programa, que conferiu o valor rapidamente, voltou ao quarto e não levou nem cinco minutos para se vestir. Passou por eles, acenou para Monstrão e saiu dali apressada. — Pronto! O que vocês querem comigo?

— Você é tatuador? É com isso que ganha seu dinheiro?

— Sim, mas estou de folga hoje. Juro que não costumo fumar baseado quando estou tatuando. Gosto de estar com a mente limpa para que meus desenhos saiam perfeitos e agradem aos clientes.

— Você foi o responsável por desenhar na pele de Testa?

Monstrão concordou com a cabeça.

— Sim, desde que ele tinha dezesseis anos. Fez a primeira escondido dos pais. — Ele estava prestes a abrir um sorriso, mas, quando percebeu o gelo nos olhos de Nicolas, ficou sério novamente.

— E desde então você se tornou seu tatuador oficial?

— Sim. Faço tatuagem em outros MCs famosos também. Posso parecer meio largado, meio maloqueiro, mas juro que tenho bastante dinheiro.

— Onde fica seu estúdio?

— Em São Paulo. Puxa vida, mano, eu estava achando que vocês iriam me prender por alguma coisa. — O sorriso de Monstrão ressurgiu com força e desta vez permaneceu em seus lábios. — Só agora percebi que, na realidade, vocês querem um orçamento de tatuagem. Já têm alguma ideia do desenho que desejam fazer?

— A tatuagem ficará para outro momento. Por qual motivo você está aqui?

Ele piscou rapidamente, como se tentasse se livrar de ciscos nos olhos.

— Meu parceiro iria fazer um de seus melhores *shows* ontem, mas ele passou mal, mano.

Ainda não consegui notícias dele. Tô preocupado pra caramba.

— MC Testa — atalhou Mike.

— Ele mesmo, mano. Testa é meu amigo pessoal, e eu o carrego aqui. — Deu um tabefe tão forte no próprio peito que Nicolas temeu a possibilidade de um infarto.

— Como você conseguiu esconder a faca sem que ninguém a notasse?

— Que faca?! — A mais genuína demonstração de assombro atravessou o rosto tatuado de Monstrão. — Do que está falando?

— A faca que você enfiou no peito de Testa ontem à noite.

— Quê? — Os olhos vermelhos de Monstrão ficaram esbugalhados. — Ah, cara, que brincadeira mais sem graça! A brisa da erva não está tão forte assim para que eu não entenda do que vocês estão falando.

— Melhor ainda. Responda à minha pergunta. — Nicolas encarou-o atentamente. — Você a levou em uma mochila ou dentro da roupa?

— Peito do Testa? Mochila? Não, não, não. — Monstrão agitou rapidamente a cabeça para os lados, e seus *dreadlocks* moveram-se como os cabelos da Medusa. — Meu amigo está muito vivo. Ele só passou mal, mais nada.

— Testa foi assassinado. O corpo dele está no necrotério aguardando a autópsia.

— Isso não pode ser verdade. Ele...

— Você o matou, Monstrão? Testa fez algo que o deixou furioso a ponto de fazê-lo dar fim à vida dele?

— Como assim? Eu amo aquele moleque! Jamais lhe faria mal. Não posso acreditar em nada do que está me dizendo.

— As notícias serão divulgadas em breve. Monstrão, se não foi você quem fez isso e se está me dizendo que amava Testa, talvez consiga nos ajudar. Lembra-se de alguém que estivesse irritado com ele ou de alguma briga recente com que ele tenha se envolvido?

De repente, o cérebro de Monstrão pareceu voltar a raciocinar com mais lucidez. Ele estalou os dedos, demonstrando que se lembrara de alguma coisa.

— Com certeza foi aquela maldita Charlotte! Só pode ter sido aquela v...

— Poupe-nos dos comentários pejorativos. Sua acusação contra essa moça é algo muito sério.

— Ela nunca aceitou o fim do namoro com Testa. Mais de uma pessoa pode confirmar o que estou dizendo. Disse que o teria de volta a qualquer custo. Como não conseguiu, ela deve ter ido até lá e... — Duas lágrimas verteram de seus olhos vermelhos. — Ah, cara! Testa não pode ter morrido assim, de repente.

— Se Testa estava com uma namorada nova, por que levou a ex ao camarote? — Interessou-se Mike.

— Não sei direito. Algum rolo entre eles. Sou só o tatuador e não o melhor amigo de Testa, apesar de amá-lo como se fosse. Talvez ela tenha feito alguma chantagem para estar ali. Há mulheres muito insistentes nessa coisa de relacionamento amoroso.

— Assim como existem homens também e que fazem coisas macabras quando são rejeitados. — Nicolas virou-se para a porta. — Voltaremos a conversar em breve. Estaria disposto a formalizar sua denúncia contra Charlotte na delegacia?

— Sim. Tenho quase certeza de que foi ela.

— Vamos averiguar isso a fundo. Monstrão, você não tem autorização para deixar a cidade enquanto a investigação não for concluída. Tem direito a acionar seu advogado, mas deve permanecer no município. E espero que não compartilhe com ninguém a informação sobre o assassinato do seu moleque amado. Fui claro?

— Tanto quanto o sol lá fora.

— Ótimo. — Nicolas indicou a porta para Mike.

Quando estavam saindo, Monstrão o chamou.

— O que foi? — perguntou Nicolas.

— Com exceção de Charlotte, todo mundo que estava no camarote amava Testa. Todos mesmo, pode acreditar. Ninguém teria motivos para machucá-lo, muito menos para matá-lo. Ah, cara, isso parece um pesadelo!

— Quero que me procure se lembrar de alguma informação importante. Até mais.

De volta ao carro, Mike perguntou:

— Em uma primeira impressão, você o declara culpado ou inocente?

— É cedo para responder a essa questão. Ele pareceu sincero em tudo o que disse, mas já lidamos com suspeitos exímios na arte da dissimulação. Alguns podem agir como verdadeiros atores, se isso lhes servir como garantia de evitar a prisão. Ainda não conversamos com os outros, no entanto, eu deixaria Monstrão no fim da nossa lista. Não notei nele nenhum sinal de medo ou nervosismo, quando sugeri que ele havia cometido o crime. Está com tanta maconha na mente que não está pensando com muita clareza.

— Segundo ele, a ex-namorada de Testa tinha bons motivos para cometer o crime.

— Aposta quanto que ela nos dirá a mesma coisa que Monstrão? Que amava Testa e, apesar de não estarem mais juntos, nunca seria capaz de matá-lo? Inclusive, Mike, posso apostar que ouviremos essa mesma frase de quase todos os suspeitos.

— Sim, mas alguém nesse meio está mentindo. Somos mais espertos do que todos eles, Bartole. Vamos pegar o culpado rapidinho. E o que fará agora? Pretende procurar a tal Charlotte ou ir atrás de outra pessoa?

Nicolas ia responder quando o rádio de comunicação anunciou um chamado. Elias foi direto ao ponto:

— Bartole, venha para a delegacia com urgência. Temos dois problemas para serem resolvidos.

— Ihh! Pelo jeito, a manhã não começou tão boa.

— Um dos nossos suspeitos está aqui. O tal DJ Tutu. Veio nos perguntar se tínhamos notícias do amigo, pois todos estão preocupados. Além dele, há duas dezenas de fãs lá fora e pelo menos uns cinco repórteres querendo informações sobre o sumiço repentino do astro do *funk*. Teremos que dar uma coletiva de imprensa daqui a pouco.

Aquilo era realmente um porre, mas fazia parte do trabalho de Nicolas.

— Sem problemas. Mike e eu já estamos a caminho. Até já! — E, ao encerrar o chamado, fitou o parceiro: — Isso responde à sua última pergunta?

Mike fez uma careta e recostou-se melhor no assento do veículo.

Capítulo 7

Havia na loja tantos vestidos brancos, de diferentes modelos e tamanhos, uma quantidade gigantesca de acessórios brancos, arrematados por piso, paredes e teto brancos, que bastavam alguns minutos naquele estabelecimento para que as pessoas sentissem um incômodo nas vistas. O proprietário, uma funcionária e os visitantes pareciam ser os únicos pontos coloridos no ambiente.

Com certo alívio, eles passaram para outro departamento da loja em que havia vestidos de noiva em outros tons, como rosa-claro, azul-bebê e dourado. Naquela área, eles também expunham as roupas para as daminhas de honra. Havia também sugestões de buquês, que eram encomendados na maior floricultura da cidade, cujo dono estava ali naquele momento.

E foi com um sorriso imenso nos lábios que Thierry se voltou para suas acompanhantes e disse:

— Mal posso acreditar que estamos às vésperas dos casamentos de minhas lindas amigas! — Ele piscou um dos olhos verdes. — Suas danadas! Capturaram logo os mais bonitões com suas redes de sedução.

A primeira mulher soltou uma gargalhada estrondosa. Ariadne Bartole usava uma blusinha vermelha muito curta, que, além de empinar ousadamente seus seios, deixava a barriga totalmente à mostra. Pulseiras coloridas e que piscavam como uma árvore de Natal adornavam seus pulsos. Na parte inferior do corpo, usava um traje um tanto estranho. Na perna esquerda, o tecido branco se estendia até o tornozelo, como uma calça. Já na perna direita, o tecido mal passava da virilha, como um short curtíssimo. Para completar o visual, ela colocara um chapéu laranja, num tom tão vibrante que incomodava tanto quanto a brancura do setor anterior da loja.

Ariadne era uma mulher de beleza rara e rosto expressivo. Tinha olhos castanhos e brilhantes, e seus lábios estavam pintados com um batom vermelho-sangue. Os cabelos, naturalmente castanhos, foram tingidos com um suave tom caramelo, mas ela já dissera que mudaria a cor no dia do casamento.

— Com certeza! — Ela teve que concordar. — Mike é um espetáculo de homem. Tenho plena convicção de que tomei a decisão certa quando aceitei me casar com ele. — Ariadne virou-se para a outra mulher. — E você, Moira? Está ansiosa para se tornar a senhora Bartole?

Ao contrário de Ariadne, a policial militar, que naquele dia estava de folga, manteve a costumeira expressão carrancuda.

— Ansiosa eu não estou. Talvez esteja um pouco nervosa. Willian é o que sempre desejei em um homem. Eu o amo e admito que estou muito feliz. Vocês percebem isso, não é mesmo?

Ariadne e Thierry trocaram um olhar divertido. Com aquela cara fechada, Moira parecia tudo, menos feliz. Entretanto, já fazia algum tempo que a conheciam e sabiam que ela sempre parecia estar mal-humorada. Não conseguiam se lembrar se já a tinham visto sorrir alguma vez.

Moira também era dona de um rosto muito bonito. Seus cabelos loiros estavam soltos e tocavam seus ombros. Era uma mulher magra e contava com músculos fortes e treinados. Auxiliara o mais famoso investigador policial da cidade em seus casos anteriores e era vista por todos como uma policial inteligente, eficiente e muito bem-preparada. Usava calça jeans e uma camiseta branca, que ficava larga.

— Estou tão empolgado com esse casório duplo que algumas batidinhas de meu coração têm até falhado. — Dramaticamente, Thierry levou as mãos ao peito, fazendo o proprietário da loja e sua funcionária caírem na risada. — Espero me manter vivo até este dia chegar.

— Este dia está próximo! Sábado! — Ariadne girou o corpo, o que fez seu chapéu laranja deslocar-se em sua cabeça. — Moira e eu estamos totalmente atrasadas com os preparativos. Nem sequer escolhemos o vestido. Por mim, eu me casaria de minissaia, mas o padre me expulsaria de lá a vassouradas. Esse negócio de véu e grinalda é coisa do século passado. Acho até cafona, sabe?

— Vamos seguir a tradição. — Moira contemplou um vestido branco enfeitado por pérolas. Era lindo, mas a saia era armada demais em sua opinião. — Se o vestido que eu escolher necessitar de ajustes, acredito que isso poderá ser feito rapidamente.

— Era isso o que eu estava prestes a dizer. — O homem moreno, baixo e dono de uma barriguinha saliente abriu um sorriso tão branco quanto sua loja e seus vestidos. Havia pouco, ele dissera aos futuros clientes que seu nome era Romildo. — Assim que escolherem seus vestidos, tomaremos suas medidas e já iniciaremos os ajustes necessários. Amanhã mesmo, já estarão disponíveis para retirada. Temos para pronta-entrega todos os modelos em exibição.

— Se Romildo está dizendo, vocês podem confiar! — Thierry tamborilou os dedos no ar. — Há anos temos uma parceria. Ele vende os vestidos de noiva e eu preparo os buquês, fazendo os matrimônios serem inesquecíveis. Ele é um profissional sério e muito competente.

— Obrigado, Thierry. — Romildo mostrou um sorriso. — Você também é um florista de mão-cheia. É por isso que as noivas nunca ficam insatisfeitas com o nosso trabalho.

— Ainda mais quando as noivas em questão são amigas minhas. — Thierry colocou as mãos na cintura e requebrou o quadril. — E aí, meus amores? Vamos escolher logo esse vestido?

Ariadne e Moira voltaram a circular por entre os manequins, estudando com olhares críticos cada peça que encontravam. Thierry dava palpites e sugestões, mas nenhuma das mulheres havia encontrado uma roupa que ganhasse seu coração.

Como se tivesse um ímã poderoso, o último vestido daquela seção atraiu a atenção de Moira. Exibido em um manequim, a peça era toda rendada, justa ao corpo e tinha uma cauda curta, que rodeava os pés como uma lua cheia. Havia pequenos detalhes brilhantes na altura do peito, não possuía mangas e parte das costas ficava à mostra. Era simples, muito bonito, e o preço na etiqueta cabia no orçamento da policial.

— Quero este! — Moira indicou o vestido ao dono da loja, que continuava mostrando os dentes no clássico sorriso de vendedor que deseja agradar ao cliente.

— Excelente escolha. — Ele aproximou-se de Moira e segurou o tecido. — Veja a riqueza de detalhes dessa renda. Esse vestido ficará maravilhoso em seu corpo.

— Amiga, você foi mais rápida do que eu! — Divertindo-se, Ariadne olhou em volta. — Moço, há algum vestido que fuja desse padrão básico e tradicional? Pensei em algo em um tom de roxo profundo, ou quem sabe um mais alaranjado, que lembre o pôr do sol.

— Nada de invenções tresloucadas às vésperas do casório, Ariadne! — repreendeu Thierry piscando um olho. — Muitas vezes, é justamente o básico e comum que nos torna elegantes.

Claramente, essa frase não se aplicava ao próprio Thierry, cuja vestimenta não era nada básica. Naquele momento, ele estava usando uma camiseta azul com borboletas prateadas presas ao tecido e em alto relevo, dando a impressão de que estavam prestes a levantar voo. A calça verde imitava arbustos e os sapatos eram tão vermelhos quanto um caminhão de bombeiros. O florista ainda usava pulseiras com pequenos sinos pendurados, que badalavam a cada movimento de seus braços.

— No próximo setor, tenho certeza de que você se apaixonará por um modelo que está lá — garantiu o vendedor, animado com suas clientes.

Ele estava certo. Assim que viu o vestido, Ariadne começou a pular e gritar, batendo palmas, como se fosse uma criança empolgada. O vestido que a atraíra era branco, tinha uma imensa saia rodada e uma cauda que se estendia por vários metros pelo chão. Havia muito brilho no tecido e tantas pedrinhas cintilantes, que o faziam se parecer com uma constelação em um fundo claro. O decote era ousado e havia mais brilho nas mangas longas. As costas ficavam inteiramente nuas, fato que deixou Ariadne ainda mais deliciada.

— Meu chocolatinho ao leite ficará ainda mais apaixonado por mim no momento em que me vir entrar na igreja usando esse vestido. — Por um instante, ela pensou na expressão que Mike faria e deu uma gargalhada. — É esse mesmo que vou querer! — Mas, quando puxou a etiqueta com o valor, Ariadne deu um salto para trás, como se tivesse levado um choque. — Pelo amor de todos os santos, nunca poderei pagar tudo isso!

Thierry conferiu o preço e soltou um assovio.

— Uau! Realmente está bem salgado.

— Salgado? — Ariadne lançou um olhar enviesado a Romildo. — Nem mesmo o Mar Morto possui tanto sal quanto o valor desse vestido! Além disso, estou desempregada no presente momento, então como eu poderia...

— Minha querida, devo lhe dizer que parcelamos todos os vestidos e demais acessórios em até doze vezes sem juros. Também posso lhe dar um desconto de...

— Com licença, mamãe entrando na loja — anunciou Miah, que acabava de chegar empurrando um carrinho para bebê. — Espero não ter perdido muita coisa.

— Só o fato de que terei de me casar de camisola, porque não vou ter grana para bancar o vestido mais lindo que já encontrei — lamentou-se Ariadne em tom cômico, fazendo todos rirem alto, com exceção de Moira.

— Ah, antes de qualquer coisa, quero ver o garotinho mais perfeito desta cidade. — As borboletas na camiseta de Thierry pareciam bater asas, enquanto ele corria até o carrinho de Manoel. Ao ver a criança, abriu um sorriso. — Meu Deus, que bebê mais abençoado!

— Não é tão abençoado assim — resmungou Miah entredentes.

Thierry esticou os braços e pegou Manoel no colo. A criança usava um macacão azul-claro e uma camiseta branca, deixando braços e pernas rechonchudos à mostra. Charmosos tênis brancos completavam seu estilo. A cabeleira negra estava revolta, e seus olhos azul-escuros fixaram-se nas borboletas de Thierry. Em seguida, abriu um lindo sorriso banguela.

— Esse bebê poderia me matar de tanta fofura — disse Thierry beijando várias vezes a criança nas bochechas.

— Não duvide de que ele realmente possa matá-lo — murmurou Miah.

Moira e Ariadne rodearam Thierry e começaram a brincar com Manoel, que não parava de sorrir para todos eles. O dono da loja, percebendo o desvio de foco e que seus vestidos haviam ficado em segundo plano, tratou de atrair de volta a atenção de suas clientes.

— Então, meninas, vamos fechar negócio? Precisamos ser ágeis, pois nos restam poucos dias até sábado. Temos ainda de fazer os ajustes, pensar nos demais preparativos...

— Moira já encontrou um vestido que gostou e vai levá-lo — contou Ariadne a Miah, parecendo triste. — O que eu amei é aquele ali, mas veja o preço. Só tome cuidado para não sofrer uma parada cardíaca.

Miah foi até a etiqueta e concluiu que Ariadne não estava sendo exagerada. Por outro lado, havia uma saída, se todos topassem.

— Tenho uma proposta, mas precisarei do apoio de Thierry, Moira e de outras pessoas, como Marian e Nicolas. O que acham de fazermos uma vaquinha e ajudarmos Ariadne a comprar o vestido de que tanto gostou?

— A vaquinha precisará ser do tamanho de um dinossauro — interveio Ariadne, desanimada.

— Não exagere. Há vestidos muito mais caros por aí.

— Eu topo! — decretou Thierry, observando Moira, que concordava com a cabeça. — Tenho certeza de que a maravilhosa Marian não será contra essa sugestão.

— Está decidido. — Miah olhou para Romildo e bateu o martelo. — Ela ficará com o vestido. Vou parcelar no meu cartão, e depois todos poderão me auxiliar no pagamento das faturas.

— Não sabia que tinha um limite tão alto, Miah! — Ariadne estava impressionada. — Quanto você e Nicolas ganham como repórter e como investigador?

— Ainda precisamos pensar nos buquês — comentou Moira.

— Ora, sua tolinha, e por acaso não vou cuidar disso? — Com Manoel no colo, Thierry sorriu. — Vou me certificar de que nenhum doido consiga camuflar uma bomba nos buquês de vocês duas. — Ele olhou de relance para Miah, que deu de ombros. — Agora, tratem de provar os vestidos que escolheram. Será o evento mais incrível que essa cidade já vivenciou!

— Já pararam para pensar que seremos uma grande família após o casamento? — Ariadne arrancou da cabeça seu chapéu laranja vibrante e o atirou para o alto. — Miah e Nicolas, Mike e eu, Moira e Willian... Ah, mal posso esperar por isso!

Miah estava rindo das palhaçadas de Ariadne, quando, de repente, notou sombras atrás de Thierry.

Tinha absoluta certeza de que eram as mesmas que vira na noite anterior, no dormitório de Manoel. Pareciam-se com uma fumaça densa, mas se moviam para várias direções. Durou uma fração de segundo, e logo não havia mais nada.

Inerte, ela notou quando a cabecinha de Manoel se voltou lentamente para sua direção, mostrando que o sorriso fofo de instantes antes havia desaparecido. Um arrepio gélido percorreu a espinha de Miah, como se um dedo muito frio deslizasse por suas costas.

Miah, então, entendeu que precisaria conversar o mais rápido possível com Marian sobre aqueles fatos. Tinha certeza de que a espiritualizada cunhada saberia orientá-la e tranquilizá-la.

Capítulo 8

Arthur Túlio, que se autodenominava DJ Tutu, estava diante de Nicolas, Elias e Mike na sala de interrogatórios da delegacia. O rapaz estava na casa dos vinte e cinco anos, era alto e magro, tinha pele clara, rosto comum e olhos escuros. Na parte da frente do pescoço, exibia uma tatuagem de duas máscaras, uma sorridente e outra chorosa, que poderiam representar a tragédia e a comédia, mas que, no mundo do *funk,* tinham outro significado: "Chora agora e ri depois".

Ao contrário de João, que parecia muito abalado com a morte do filho, e de Monstrão, cujo raciocínio estava dominado pela maconha, Tutu demonstrava muita firmeza ao falar:

— Quando a equipe de organizadores do *show* nos informou que Testa estava passando mal e nos pediu para sairmos do camarote, soube imediatamente que alguma coisa mais séria havia acontecido. Nosso grupo era composto por pessoas da confiança dele, por isso estávamos na área VIP. É inadmissível o fato de que não pudemos ajudar a socorrê-lo. Então, logo deduzi que a informação que nos passaram não era verídica. E, como até agora ele não respondeu às minhas mensagens, decidi procurar a polícia para mais esclarecimentos.

— Testa foi assassinado ontem à noite, durante o intervalo do *show.* — Disparou Nicolas sem rodeios e propositadamente para estudar a reação do suspeito.

Tutu piscou os olhos com força, sem, contudo, demonstrar medo, susto ou choque com a notícia. Ele apenas olhou de Nicolas para Mike e depois para Elias. Como todos o encaravam com seriedade, o DJ voltou-se para o investigador.

— Assassinado? Foi a garota que pegou o relógio dele e acessou o camarim?

— Posso lhe garantir que não. Temos fortes razões para acreditar que o criminoso estava no camarote. A localização estratégica do espaço provavelmente lhe serviu de cobertura para que o crime fosse consumado com alguma segurança.

— Estávamos em dez pessoas.

— Já sei disso. — Nicolas colocou no semblante sua melhor expressão de homem mau. — Qual era sua relação com MC Testa?

— Profissional e pessoal. Ele me escolheu como DJ para acompanhar a maioria de suas músicas. Ontem, no *show*, ele me convidou como espectador. Éramos amigos também. Sempre estávamos juntos em festas, eventos...

— Então podemos dizer que você nutria alguma afeição pelo MC — comentou Elias.

— Afeição? Meu Deus, éramos praticamente irmãos de coração. O cara era um dos MCs mais estourados do país e sempre foi muito gente boa com seus verdadeiros parceiros, grupo no qual me incluo. As músicas mais bombadas de Testa são as em que trabalhei como DJ.

— Qual é o papel de um DJ em uma música? — Quis saber Nicolas, atento ao interrogado.

— O DJ trabalha manipulando os sons, aprimorando as batidas das músicas, e trabalha também com o Auto-Tune, que é um processador de áudio capaz de mudar a voz das pessoas, afinando-a, aperfeiçoando-a e corrigindo-a. Em outras palavras, o processador melhora a qualidade vocal. Quando um MC traz uma letra pronta para mim, faço os arranjos necessários. É como se eu colocasse música na letra, entendem?

— Você seria um coautor da música então?

— A maioria dos MCs compõe as próprias músicas, mas, quando coloco o som nas letras, eles geralmente atribuem a música a mim também.

— Testa sempre fez isso?

Tutu olhou para Nicolas e desviou o olhar em seguida.

— Sim...

— Precisamos de respostas precisas. Você recebeu os devidos créditos pelas músicas bem-sucedidas de Testa? Pelas músicas em que teve participação?

— Meu nome consta lá.

— Você ficou satisfeito com o resultado?

Tutu pareceu refletir sobre a pergunta e retrucou:

— Por que vocês estão me tratando como se eu fosse um suspeito? — Ele notou a expressão quase irônica de Nicolas e concluiu: — Entendi! Todos as pessoas que estavam no camarote são suspeitas.

— Não vai nos perguntar como Testa morreu? — inquiriu Elias.

— Não sabia que vocês podiam falar sobre isso.

— A notícia será divulgada à imprensa daqui a pouco — prosseguiu o delegado. — Testa foi encontrado pela fã que pegou o relógio. Cravaram uma faca no peito dele. O assassinato aconteceu um minuto ou dois antes de a fã de Testa entrar no camarim.

— Ela chegou a ficar sozinha com ele?

— Ela precisou se aproximar do corpo, porque ele não lhe respondia — explicou Nicolas.

— E mesmo assim acham que ela não é suspeita? — Tutu mostrou seu primeiro sorriso e coçou o pescoço no ponto em que as máscaras estavam tatuadas. — Uma jovem desconhecida, que ficou sozinha com meu parceiro, não é a principal suspeita, mas os melhores amigos dele são? Nós éramos a família de Testa, entendem?

— Familiares e amigos também cometem crimes bárbaros.

— Eu sei disso. — Tutu voltou a se desviar do olhar de Nicolas e passou a fitar o chão. — Só que ali era diferente. Todos nós tínhamos muito carinho e muita admiração por ele. Por que um de nós cometeria tamanha crueldade?

— Quando essa pergunta for respondida, o assassino será preso. — Nicolas levantou-se. — Você está dispensado, mas não tem autorização para deixar o município. Caso se lembre de algo que nos auxilie na investigação, nos procure.

Assim que Tutu saiu, Elias olhou para Nicolas e Mike:

— Ele está mentindo!

— Com certeza. Pode ter sido sincero ao dizer que sentia afeto e admiração por Testa, mas posso apostar que eles já tiveram alguma desavença relacionada a direitos autorais. Mike, você conseguiria pesquisar isso para nós?

— Agora mesmo, Bartole! Aliás, não acho que ele tenha ficado triste ou surpreso com a morte de alguém de quem dizia ser tão próximo.

— Também tive essa impressão. Estou achando que todos os suspeitos varreram para debaixo do tapete uma sujeira bem pesada, mas não vão soltar essa informação facilmente.

— Agora, precisamos ir para a segunda parte. Os fãs e a mídia estão aguardando lá fora por notícias. — Elias suspirou, antevendo o momento seguinte, que sempre era desagradável. — Vamos nos preparar para a coletiva de imprensa. Precisamos avisar ao país inteiro que um de seus MCs favoritos não está mais entre nós.

Do lado externo da delegacia, uma pequena multidão se formara. Jovens com idades que variavam entre doze e dezessete anos dividiam o espaço com cinegrafistas, equipe técnica e repórteres munidos de microfones. Assim que Nicolas e Elias apareceram, eles avançaram como uma turba enlouquecida.

— Podem nos informar o que aconteceu com MC Testa?

— Testa foi sequestrado? Ele simplesmente desapareceu.

— Por que o *show* dele foi interrompido? Acreditamos que Testa não passou mal e que o verdadeiro motivo seja mais tenebroso.

— Senhor Bartole, nós o vimos ontem à noite entrando nos bastidores do *show*. Sempre que o senhor está em cena é porque alguém foi morto. Pode nos confirmar essa informação?

Nicolas trocou um olhar de resignação com Elias. Sabendo que estava sendo assistido por pessoas do país inteiro, decidiu despejar a verdade sem enrolação:

— MC Testa foi assassinado no intervalo do *show*.

Gritos desesperados ecoaram, e algumas meninas começaram a chorar alto. Os repórteres falavam todos ao mesmo tempo, e suas vozes embaralhavam-se. Era bem desgastante para Nicolas lidar com aquilo.

— Como ele foi assassinado?

— Já tem algum suspeito em mente? Teria sido a fã que visitou o camarim de Testa?

— Podem nos contar um pouco sobre a linha de investigação de vocês?

Nicolas explicou tudo de forma bem objetiva. Contou como Testa foi encontrado, o que causou ainda mais comoção no grupo que estava ali e disse que não poderia dar detalhes da investigação e que estava abordando alguns suspeitos. Por fim, concluiu afirmando que, quando o corpo do MC fosse liberado, todos seriam comunicados para se organizarem para o velório e enterro, se essa fosse a decisão da família do rapaz.

Para evitar a saraivada de indagações que viria a seguir, Nicolas retornou para a delegacia. Já dissera tudo o que podia compartilhar, pelo menos naquele momento. Ainda havia sete suspeitos para interrogar e os dados pessoais de Testa para analisar. Precisava averiguar as últimas ligações e mensagens que o MC recebera, rastrear seus passos antes do *show* e lidar com os jornalistas, que, certamente, continuariam no seu pé, como sempre faziam quando um famoso era vítima de um homicídio. Como se fosse pouco, ainda teria de se preparar para o casamento de seus dois irmãos, que aconteceria dali a poucos dias, e lidar com o retorno de Miah ao trabalho. Ele admitia que a esposa fazia falta ali, no meio dos demais repórteres.

Nicolas chamou Mike para acompanhá-lo ao necrotério, pois esperava que a doutora Ema Linhares já tivesse alguma atualização relevante para lhe fornecer. Acreditando que seria esperto escapar pela porta dos fundos da delegacia, Nicolas não contava que os fãs e os repórteres seriam ainda mais espertos que ele. A turba já o aguardava ali, o que o fez praticamente empurrar com sutileza alguns deles para conseguir chegar ao seu carro e dar partida.

Acelerando o veículo depressa, Nicolas conteve um palavrão ao notar pelo espelho retrovisor que estava sendo seguido por dois veículos de estúdios de televisão.

— Sei que estão fazendo o trabalho deles, mas se isso obstruir nossa investigação ou atrapalhá-la de qualquer forma, garanto que eles vão arrumar uma grande dor de cabeça comigo.

— Eles sabem até onde podem ir, Bartole. Não se aproximarão mais do que o necessário, mas ficarão à espreita, famintos por novidades. — Mike sorriu e bateu na tela do celular. — Um ano atrás, Tutu e Testa tiveram uma discussão que se tornou pública por conta da letra de uma música chamada "A menina-sabonete".

— Já me antecipo em lhe informar que não tenho a menor curiosidade de saber o conteúdo dessa música.

— Digamos que a letra é bem inapropriada a menores de idade. — Mike olhou para Nicolas, que já se aproximava do necrotério municipal. — Mesmo assim, a maioria dos fãs é composta por adolescentes.

— Qual foi o motivo da confusão entre o DJ e o MC?

— Direitos autorais. Tutu trabalhou na música, porém, quando ela foi lançada, o nome dele foi excluído. Acho que eles se entenderam depois, porque agora o nome do DJ também consta nas plataformas.

— Isso não seria motivo suficiente para Tutu matá-lo. Deve haver outros problemas entre eles que não tenham sido divulgados. Algo muito mais sério que motivasse o crime. Nem tudo é levado ao conhecimento do público, e nós somos os primeiros a saber disso.

Mike concordou, colocando o celular no bolso da farda.

***

O prédio que abrigava os domínios de Ema, local fúnebre onde ela reinava com maestria e profissionalismo, tinha uma aparência tão triste e sinistra quanto seu interior. Eles saltaram do veículo e caminharam depressa por alguns corredores, enquanto Mike começava a retorcer o rosto. Quando finalmente chegaram à sala da médica legista, ela já os esperava com uma expressão intrigada na face.

— Que bom que vieram! Passei as últimas horas trabalhando no corpo musculoso e tatuado desse MC. Meu assistente, que hoje está de folga, era um grande fã dele, por isso era comum que o *funk* tocasse por aqui enquanto estávamos autopsiando algum corpo.

— Meu Deus! — Foi tudo o que Mike murmurou, com os olhos um tanto arregalados. Aquele lugar lhe causava intensos calafrios.

Ema era uma mulher pequenina, dona de pernas curtas e ágeis. Não tinha preocupações com a estética e sempre dizia que a balança nunca fora sua inimiga, mesmo que estivesse vários quilos acima do ideal para sua baixa estatura.

Sua profissão causava arrepios em muitas pessoas: abrir cadáveres humanos e dissecá-los. Para ela, isso era algo rotineiro e, quando chegava em casa, ainda dava conta de seus filhos trigêmeos, que agiam como pequenos clones saltitantes. Nicolas os conheceu e admitia que tinha pavor deles.

Sobre uma das mesas, o corpo de Testa repousava. Do outro lado do salão, havia outro cadáver coberto por um lençol branco, no entanto, os pés arroxeados estavam para fora, com uma etiqueta de identificação pendurada no dedão esquerdo. Essa visão foi suficiente para embrulhar o estômago de Mike.

— Antes de entrar em mais detalhes, gostaria que vissem a arma do crime. Ela está ali. — Ema andou depressa até uma bancada de inox, onde a imensa faca jazia dentro de um retângulo de vidro. — Caso queiram tocar nela, utilizem luvas.

Nicolas sabia que isso não seria necessário. A lâmina era reta, tinha cerca de vinte e cinco centímetros de comprimento e parecia muito afiada. Estava limpa, sem vestígios de sangue. O cabo comum, preto, não possuía nada de interessante.

— Normalmente, utilizamos esse tipo de faca na cozinha para cortar carnes, destrinchar frangos etc. O laboratório poderá confirmar com mais detalhes, mas ouso dizer que ela foi afiada recentemente. Não é uma faca nova. A lâmina tem vestígios de uso.

— O assassino pode ter decidido afiá-la para sua missão.

— Com certeza foi para isso, mas ele não a comprou por esses dias. Já possuía essa faca em casa, então, deve ter simplesmente ido até a gaveta da cozinha, a tirado dali e mandado afiá-la em algum lugar. Ou talvez tenha feito isso na própria residência, antes de ir para o *show* do MC. O assassino sabia que seria o verdadeiro astro da noite, uma vez que todos os holofotes se voltariam para ele, mesmo sem ter sua identidade revelada.

— É uma faca enorme, mas poderia ser facilmente escondida em uma bolsa, em uma mochila ou até mesmo dentro da roupa — comentou Mike, olhando de soslaio para o pé etiquetado.

— Foi isso que o assassino fez. Apunhalar o MC no peito, de frente, com um único golpe foi um ato que exigiu muito sangue-frio. A faca percorreu um caminho levemente curvo, da esquerda para a direita, o que me leva a crer que o criminoso seja canhoto. Ela perfurou o coração em cheio, causando óbito imediato. Já o removi o órgão atingido e o deixei no freezer. Desejam vê-lo?

— Misericórdia, doutora! Não torture esse pobre policial! — Arquejou Mike, como se o ar subitamente lhe faltasse.

— Mike tem pesadelos com este lugar. — Sorriu Nicolas, divertindo-se com o sofrimento exagerado do parceiro.

— Ora, esta é minha segunda casa e nela não há nada de mais! — Animada, Ema fez um sinal para que eles a seguissem, andando depressa até o corpo de Testa, enquanto seu jaleco encardido esvoaçava atrás de si. — Vejam por si mesmos.

Ema expôs o tórax de Testa, e Mike, imediatamente, virou-se de costas. Ela fizera uma incisão em formato de Y no peito do MC. Era nítido o sinal da perfuração em seu peito.

— Um corpo saudável, sim. No entanto, ele tinha traços de cocaína na corrente sanguínea e nas cavidades nasais — explicou Ema. — Havia consumido a substância antes do *show.* Também identifiquei resíduos de *cannabis* em sua corrente sanguínea. A maconha também foi bastante consumida. Obviamente, substâncias alcóolicas e energéticas também foram encontradas.

— Ele experimentou de tudo um pouco antes de morrer — comentou Nicolas, olhando fixamente para Testa.

— Pois é. Mas estava de estômago vazio, por incrível que pareça. Acho que ele não sentia tanta fome, já que estava sob efeito de álcool e de substâncias ilícitas. Possui inúmeras tatuagens no corpo e implantou alguns dentes de ouro na boca.

— Bem, doutora, agradeço muito sua ajuda...

— Ora, eu ainda não terminei, Bartole. — Com um sorriso de vitória nos lábios, Ema caminhou rapidamente até um saco plástico que parecia conter um tecido grosso enrolado. — Os peritos me trouxeram o tapete que estava no camarim. Para chegar à nossa vítima, o assassino precisou passar por ele.

— Assim como a adolescente que o encontrou. — Nicolas analisou a peça, que Ema começou a desenrolar. — Eu vi esse tapete lá, mas não encontrei nenhuma pegada aparente.

— A garota estava usando sapatos de salto alto, e suas pegadas são características. Talvez você não tenha notado devido à luz do ambiente, à urgência da situação e, principalmente, a esse tom carmim do veludo acarpetado. Mas existem duas pegadas ali. Não consegui visualizar o formato da sola do calçado, mas reparei no tamanho. Está bem esmaecida, mas estão lá. Dou minha palavra de que o responsável por tirar a vida desse rapaz calça número 39.

— Um tamanho comum para um homem, e talvez um pouco maior do que a média das mulheres. Isso, no entanto, não descarta ainda minhas três suspeitas. — Nicolas esticou a mão para cumprimentar Ema. — Doutora, eu lhe agradeço muito pelas informações levantadas em tão pouco tempo. Elas me serão úteis em minha conduta com os próximos investigados.

— Boa sorte! — Apenas para provocar, Ema olhou para Mike, que estava meio escolhido próximo a uma mesa de pedra vazia. — Não se encoste aí. O cadáver que ocupou essa mesa faleceu ontem devido a uma doença muito contagiosa.

Mike mal conteve um grito de horror. Pegou um frasco de álcool em gel e praticamente se banhou com ele. Nicolas e Ema soltaram uma risada, descontraindo um pouco a tensão do momento.

Capítulo 9

A próxima parada de Nicolas e Mike foi no Star, o mais luxuoso e requintado hotel da cidade. A propriedade elegante já fora visitada anteriormente pelo investigador, quando um hóspede tirou a própria vida em um dos quartos[1].

O mesmo homem magro, com o qual Nicolas tivera problemas anteriormente, estava ao lado do balcão da recepção conversando com duas mulheres, que pareciam satisfeitas com a estadia ali. Quando o investigador se aproximou, elas encerraram a conversa e cumprimentaram o gerente-geral, antes de puxarem suas malas de rodinhas na direção do veículo que as aguardava.

O sorriso agradável do sujeito morreu quando ele avistou Nicolas e Mike. Imprimindo uma expressão enfezada na face, questionou:

---

1 Leia *Doce ilusão* – volume 5, publicado pela Editora Vida & Consciência.

— Por que estão aqui novamente? Não me digam que outro hóspede...

— Bom dia para o senhor também. Recebemos a informação de que duas mulheres com as quais precisamos conversar estão hospedadas aqui.

— O que elas fizeram?

— Assunto de polícia. — Cortou Nicolas. — Procuramos Sílvia Martins e Charlotte Veiga. Queremos conversar com ambas individualmente. Poderia nos ajudar com isso?

O gerente-geral jogou um olhar desconfiado a Nicolas, mas não discutiu. Caminhou até a recepção e murmurou algo ao recepcionista, que ergueu vivamente o rosto para fitar os policiais.

— Vocês estão aqui por causa do MC morto ontem à noite, não é mesmo? — O recepcionista tentou sondar o semblante impenetrável de Nicolas, mas, como não conseguiu nada, emendou: — Vi as notícias pela internet. Está todo mundo comentando. Charlotte era a ex-namorada dele e...

— Henrique, você não deve prolongar-se tanto em diálogos com pessoas que não estejam hospedadas aqui, a menos que tenham a intenção de fazer uma reserva — repreendeu o funcionário. O gerente contraiu os olhos com raiva e encarou Nicolas. — Localize as mulheres que eles estão procurando para acabarmos logo com isso.

— O senhor é um homem sensato. — Bem-humorado, Nicolas apoiou ambas as mãos no lustroso balcão. Em uma delas, segurava seu distintivo. — Mas quero que Henrique termine de me contar o que pretendia dizer. Você acompanhava a vida pessoal de MC Testa? Saberia dizer por quanto tempo ele e Charlotte namoraram?

— Bem... — Henrique olhou de soslaio para seu superior. — Posso falar?

— Deve — respondeu Nicolas antes que o gerente tivesse tempo de abrir a boca. — Quando a polícia lhe pergunta algo, não é de bom-tom deixá-la sem resposta, compreendeu?

— Sim. Eles ficaram juntos por uns três ou quatro meses, nada mais que isso. Eu o sigo pelo Instagram, e ele sempre conta tudo sobre sua vida nos *stories*. Quer dizer, contava... A ficha ainda não caiu direito.

— Em qual apartamento Charlotte está hospedada?

— No apartamento 910 — replicou Henrique, após uma rápida consulta ao computador. — Suíte presidencial. E ela não está sozinha.

— Quem está hospedado com ela?

— Uma amiga chamada Sílvia Martins.

Por aquela, Nicolas não esperava. Por que a ex-namorada de Testa, que parecia ser ciumenta, estaria hospedada com a motorista particular do MC?

— Elas se hospedaram juntas ou isso aconteceu depois?

— Sim, elas chegaram juntas na manhã de ontem. Vieram para o *show*.

— Muito bem. Entre em contato com elas e digam que o investigador Nicolas Bartole e o policial Mike estão aqui e querem vê-las. Também gostaria de saber se elas receberam visitas desde que chegaram e, em caso afirmativo, preciso do nome dos visitantes. Quero ainda um extrato de tudo o que elas consumiram desde que chegaram ao hotel, principalmente após o retorno delas ontem à noite, quando o *show* foi interrompido bruscamente. — Nicolas olhou para o gerente, que mastigava a irritação como se fosse um chiclete. — Pode conseguir essas informações com rapidez, não é mesmo?

— Se fizesse isso, estaria invadindo a privacidade de minhas hóspedes. Elas...

— Eu poderia conseguir tudo o que solicitei por meio de um mandado judicial, mas isso, além de me atrasar, me deixará imensamente furioso. Mais uma vez, o hotel que o senhor gerencia estaria sob os holofotes da mídia, e devo lhe dizer que fui seguido até aqui por alguns veículos de imprensa. Então, caro senhor, providencie o que pedi com a maior brevidade possível ou lhe garanto que o barulho será bem grande. O que decide?

O gerente deixou o ar escapar pelo nariz com tanta força que chegou a emitir um ruído rouco. Apesar de estar irritado ao extremo, preferiu contemporizar:

— Terá tudo de que precisa antes de retornar à rua.

— Assim está melhor. — Sorrindo, Nicolas voltou-se para Henrique. — Podemos subir?

— Sim, elas estão à sua espera.

— Que babaca! — resmungou Mike, quando eles entraram no elevador, que era tão elegante quanto as demais dependências do hotel. Uma voz feminina anunciava a temperatura, logo após dar as boas-vindas aos dois. Um pequeno monitor mostrava fotos das piscinas, dos quartos, do restaurante e da recepção, com legendas que garantiam que os clientes haviam feito uma excelente escolha ao decidirem hospedar-se ali. — Eu gostaria de saber quanto custa uma diária neste lugar.

— Pretende passar sua lua de mel com minha irmã aqui?

— Já fechei um pacote em um resort no litoral baiano. — Exibido, Mike apertou o botão 9 e mostrou um olhar debochado a Nicolas. — Tudo incluído, Bartole. Comida e bebida vinte e quatro horas por dia. Acha que não vou me esbaldar num lugar desses? É o paraíso na Terra, sabia? Mal posso esperar para curtir cada dia na praia, experimentando os deliciosos aperitivos que eles servem lá.

— Suponho que essa brincadeira não custou barato.

— Arre égua, Bartole! Nem me fale em dinheiro, pois meus nervos ficam abalados. Precisei parcelar em doze vezes sem juros, e cada parcela está mais alta do que a Torre de Babel. Isso sem falar nas passagens de avião. Porém... eu estarei com Ariadne e com muita comida farta, logo, acredito que cada centavo gasto valerá a pena.

— Vocês viajarão no domingo de manhã, certo? — perguntou Nicolas, entrando no corredor acarpetado depois de o elevador abrir as portas.

— Como sabe disso?

— Porque, só na última semana, você já repetiu essa história pelo menos umas dez vezes. Já me mostrou fotos do resort, me falou sobre os assentos reservados no avião, mencionou que iria comer e beber até cair desmaiado...

— Então por que me perguntou se eu passaria a lua de mel aqui?

Nicolas fechou os olhos, pedindo a Deus por um pouquinho de serenidade, equilíbrio e domínio próprio, mas precisou reabri-los quando uma mulher belíssima abriu a porta.

A imagem que ele vira no monitor de Elias correspondia fielmente a Charlotte pessoalmente. Seus cabelos vermelhos estavam presos num coque desarrumado no alto da cabeça, com fios em espiral emoldurando seu lindo rosto. Olhos exageradamente verdes, que só poderiam ser lentes de contato, fixaram Nicolas e Mike com curiosidade. Ela parecia ter acordado havia pouco, mas ele notou que a moça estava em estado de alerta. Usava uma camiseta regata preta justa ao corpo escultural e um short preto muito curto. Na porção interna do braço direito da jovem havia uma tatuagem de uma leoa e seus filhotes e, na esquerda, ela exibia o desenho de um dragão chinês colorido, com seu corpo serpentino estendendo-se quase até o pulso. Nicolas tinha certeza de que o autor daquelas tatuagens era o Monstrão.

— Imaginei que viriam até nós. — Charlotte deu passagem aos policiais. — Estou tão abalada com a morte de Testa que precisei tomar alguns calmantes.

Sentada em uma das camas estava a outra mulher. Juntas, elas pareciam prontas para um desfile de moda. Sílvia estava com os cabelos soltos, que chegavam até sua cintura. Seus olhos azuis eram claros como o céu matinal e, ao contrário dos de Charlotte, pareciam naturais. Naquele momento, eles estavam avermelhados, e ela assoava o nariz em um papel branco com o emblema do hotel.

Sílvia levantou-se para cumprimentá-los. Usava um vestido branco, simples, que ia até os joelhos. Estava descalça e demonstrava sofrimento em sua fisionomia.

Além delas, malas e bolsas com peças de lingerie jogadas aqui e ali completavam o cenário. À primeira vista, parecia somente um quarto de duas amigas solteiras.

Uma sentou-se ao lado da outra na mesma cama, e Nicolas decidiu acomodar-se em uma cadeira, deixando a outra cama livre. Mike, em pé, preparava-se para fazer suas anotações no bloquinho.

— O que vocês descobriram até agora? Podem nos dizer? — perguntou Sílvia, voltando a secar o nariz.

— Alguém o golpeou com uma faca — explicou Nicolas, resumidamente. — Um único golpe certeiro no coração. Quando a jovem que pegou o relógio chegou ao camarim, já o encontrou sem vida. Temos razões para descartá-la da lista de suspeitos.

— Quem teria feito isso? Algum fã maluco? — questionou Charlotte.

— A segurança do evento era boa o suficiente para impedir que qualquer pessoa vinda da rua tivesse acesso ao camarim de Testa.

Portanto, acreditamos que o responsável pelo crime tenha saído da área VIP.

As duas se entreolharam. Charlotte mostrou um sorriso que parecia ser de nervoso, revelando que, além das lentes de contato, usava também facetas dentárias, que deixavam seus dentes incrivelmente brancos e perfeitamente alinhados.

— Conhecemos todas as pessoas que estavam lá — enfatizou Charlotte. — Com exceção do pai de Testa, a quem fomos apresentados ontem à noite.

— Vocês notaram alguém segurando uma faca ou ouviram algum comentário sobre isso? — Quis saber Mike.

— Por que alguém falaria sobre uma faca durante um *show* de música *funk*? — Charlotte levantou-se da cama e sentou-se um pouco mais próxima de Sílvia.

— A arma do crime não era uma faca muito pequena, então alguém precisou escondê-la por dentro da roupa ou em alguma bolsa. Não se lembra se alguém saiu do camarote no primeiro e único intervalo do *show* de Testa?

— Eu estava fazendo uma chamada de vídeo com minha filha. — Sílvia esticou o braço para apanhar o aparelho e mostrou o histórico de ligações para Nicolas. — Deve bater com o horário da morte dele, pois, assim que Testa saiu do palco, telefonei para ela. Minha filha tem cinco anos e é apaixonada por *funk*.

— Vocês saíram do camarote em algum momento?

— Saí apenas quando nos pediram para ir embora — continuou Sílvia, segurando o nariz vermelho. Em seguida, enxugou uma lágrima teimosa. — Não usei o toalete nem fui ao camarim dele. Não sei se lá havia câmeras, mas poderão confirmar isso. Passei quase o tempo todo conversando com Kevin, o cara que descobriu o talento de Testa e o apresentou ao mundo. Nós dois não saímos dali. Pouco antes de o *show* começar, estávamos falando sobre os tênis que lhe dei de presente. Ele faz aniversário no mesmo dia que minha mãe.

— Que número ele calça? — perguntou Nicolas sutilmente.

— Trinta e nove, assim como eu. Testa brincava dizendo que tenho um pé grande para uma mulher, porém, eles são leves quando pisam no acelerador e no freio. O que me alivia é saber que não sou a única. Charlotte também calça 39, tanto que estamos dividindo sapatos, chinelos etc.

— Vocês estavam usando tênis ontem à noite?

— Sim. Ninguém merece usar salto alto, mesmo sabendo que ficaríamos sentadas. Não gosto de dirigir com salto alto.

— Há quanto tempo é motorista de Testa?

— Desde o ano passado — respondeu com muita serenidade, mantendo o olhar em Nicolas. — Certa vez, Testa estava muito bêbado para voltar para casa, então o conduzi até lá. Ele gostou tanto que me contratou.

— Entendi. E você, Charlotte? Soube que você e Testa foram namorados, mas, atualmente, ele estava com Yasmim. O que houve entre vocês?

Nicolas acertou o alvo de primeira. Ela empalideceu e seus olhos brilharam de rancor.

— Namoramos por três meses, mas ele estava me traindo. E muito. Descobri que, depois de me pedir em namoro, Testa ficou com outras seis mulheres.

— Ele já se insinuou para você, Sílvia?

— Quando estava bêbado ou alegre demais, mas nunca dei abertura para isso. Sou mãe solteira e só preciso do meu salário para sustentar minha filha. Sou amiga de Testa e lhe ensinei a importância de separar as coisas.

— Charlotte, o que você sentiu quando descobriu que Testa estava lhe sendo infiel?

O fulgor em seu olhar ganhou mais força, e o tom de voz lastimoso com que recebera Nicolas e Mike à porta desapareceu. A voz de Charlotte agora estava fria e afiada como a faca que matou o cantor.

— Não vou mentir para vocês. Fiquei muito furiosa. Brigamos feio, e dei muitas bofetadas naquela cara de pau. Testa não tinha o direito de colocar chifres na minha cabeça, de pisotear meu amor, como se não tivesse nenhum valor.

— Você o amava?

— Muito. E o amo até agora.

Aquilo era mentira, e Nicolas percebeu que ela estava dissimulando para tentar tapeá-lo.

— Por que estava no camarote com a atual namorada de Testa?

— Yasmim não é páreo para mim. É bonita, mas burra demais e tão insípida quanto um almoço sem tempero. Testa sempre gostou de mulheres ativas, *sexies*, charmosas, que o deixassem doido nos momentos de prazer. Ela é apática e sem graça. À boca pequena, me disse que eles estavam em vias de se separarem. E, então, eu o teria de volta.

— Uma das testemunhas com quem conversamos disse estar disposta a formalizar uma denúncia contra você, pois a aponta como a principal suspeita do crime, cuja motivação teria sido vingança. O que me responde sobre isso?

Charlotte tornou a se levantar. Nicolas notou que a moça estava inquieta, agitada e nervosa. Sílvia, por sua vez, permanecia tranquila, chorando baixinho e assoando o nariz de vez em quando.

Ele, então, decidiu pisar com mais força no calo dela.

— Você teria um bom motivo para matá-lo, afinal, ele a traiu publicamente. O país inteiro sabe disso, Charlotte. No entanto, você ainda não me respondeu por que estava no camarote.

— Estou esperando um filho dele. — Ela tocou na barriga reta. — Dois meses somente, ou seja, aconteceu pouco antes de nos separarmos. Ele disse que só acreditaria que o filho é dele após o nascimento da criança. Antes de fazer um teste de DNA, verificaria se as feições do bebê eram similares às suas. Isso quer dizer que o pilantra ainda estava desconfiado de mim. Eu lhe disse que gostaria de ir ao *show*, pois queria que Yasmim ficasse doida da vida ao me ver ali. Testa negou, obviamente. Aí decidi jogar a sujeira no ventilador. Eu disse que, se ele não cedesse ao meu pedido, falaria publicamente sobre a gravidez nas redes sociais. Como ele não queria escândalos, foi obrigado a tolerar minha presença ali.

— Você o matou, Charlotte? — indagou Nicolas rapidamente.

— Não, mas admito que gostaria de ter feito isso. Sílvia, desculpe-me se pareço fria ou insensível, mas Testa não era um homem bom como todo mundo pensava. Eu não o assassinei, senhor investigador, porém confesso sem medo que gostaria de ter feito isso depois de tudo o que ele me fez passar. Ele mereceu a morte, pois só assim acabou a rotina leviana que levava.

— Sabe que sua declaração a colocará no topo da lista de suspeitos, não é mesmo?

— Não me importo, porque estou em paz com minha consciência.

Enquanto Nicolas a encarava, notou um movimento ao lado. Sílvia estava escrevendo algo em um pedaço de papel com a mão esquerda. A moça era canhota como o assassino.

— Para facilitar sua comunicação conosco, aí estão nossos contatos. — Ela entregou a anotação a Nicolas.

Sabia que ainda precisava arrancar muitas informações das duas, principalmente de Charlotte, mas o tempo estava apertado e havia muitas pessoas para interrogar. Voltaria a procurá-las em breve.

— Já sabem que não devem sair da cidade até a liberação da polícia, certo?

— Sim. — Charlotte foi até a porta e a abriu, indicando que os dois já poderiam se retirar. — Precisamos descansar agora. Estamos muito abaladas e tristes.

— Mesmo achando que Testa merecia ter morrido?

Charlotte não respondeu. A porta fechou-se com força às costas de Nicolas e de Mike.

— Essa mulher, em um estado profundo de fúria, cometeria um crime bárbaro — comentou Mike, enquanto aguardavam o elevador. — Mesmo sendo maior e mais forte que ela e estando armado, admito que ela me causou calafrios.

— Tive a mesma sensação. Há muitas questões não respondidas ainda.

— Se vamos falar com os próximos suspeitos agora, já lhe adianto que nosso trabalho será facilitado novamente — Mike falou consultando o celular. — A namorada atual de Testa está hospedada em um hotel próximo daqui. E adivinha quem também está hospedado lá?

— O MC Fim do Mundo?

— MC Apocalipse — corrigiu Mike. — Você está bom no chute, Bartole. Só espero que eles não estejam dividindo um quarto, senão a coisa toda ficará ainda mais estranha.

— Confesso-lhe que o mundo do *funk* é meio estranho para mim, mas vamos ver se conseguimos descobrir algo com a próxima dupla. Ah, só espero que eles não calcem número 39 também.

— E que não sejam canhotos — completou Mike, entrando no elevador junto com Nicolas.

No saguão do hotel, o gerente-geral, trêmulo de raiva, entregou um envelope a Nicolas, que espiou o conteúdo e precisou conter a vontade de dar um apertão na bochecha do homem mal-humorado e lhe dizer "bom menino".

Capítulo 10

— Por que você reencarnou? — Miah fez a pergunta olhando atentamente para Manoel, que a fitava de volta com seus olhinhos brilhantes. Ela terminou de higienizá-lo e se preparou para lhe colocar a fralda. — Sei quem você realmente é. Seu nome é Dipak, um feiticeiro vil e muito cruel.

A boquinha do bebê abriu-se em um largo sorriso banguela. Sem saber o motivo, aquilo deixou Miah com os cabelos arrepiados.

— O que quer comigo? Vingança ou algum tipo de punição? Deseja que eu sofra de alguma forma, porque não foi forte o suficiente para me derrotar, ou melhor, para enfrentar Angelique?

O sorriso sem dentes continuava ali e seria capaz de cativar o coração de qualquer pessoa que o visse, entretanto, Miah sentia vontade de sair de perto do bebê sempre que o via sorrir.

— Percebi uma energia ruim por perto; ela sempre aparece quando você está no pedaço.

Parece uma forma escura, com vida própria. Sei que ela está aqui por sua causa. Você não vai me assustar com isso, pequeno diabinho!

A verdade era que ele a amedrontava, e, para piorar a impressão ruim, o sorriso de Manoel ampliou-se ainda mais. Ela terminou de prender as fitas adesivas da fralda, segurou-o com os braços bem esticados, como se carregasse uma diminuta bomba atômica, e o conduziu até o berço. Os olhos azuis, da mesma cor dos do pai, não desgrudaram do rosto de Miah nem por um instante.

— Marian está vindo para cá. Ela entende bem sobre espiritualidade. Já conversamos sobre você antes do seu nascimento. Ela vai me ajudar a afastar as sombras que vi duas vezes.

Miah pegou a mamadeira com leite morno, ajeitou melhor a cabeça de Manoel no berço e ofereceu-lhe o bico, que ele sugou com força, sempre atento ao rosto da mãe. Não iria oferecer seus seios àquela criança. Como tinha muito leite, preferia extraí-lo e alimentar o bebê por meio da mamadeira.

Quando terminou, Miah limpou a boca do bebê com um pano. Suas perninhas moviam-se agitadamente, como se quisessem chutar o ar. Intrigada, Miah abriu uma gaveta e tirou de dentro dela uma camiseta dobrada. Dali, retirou um saquinho com um pó branco, que espalhou sob o berço.

— Dizem que sal grosso ajuda a purificar o ambiente. Ficará aí por pouco tempo, pois mais tarde precisarei varrê-lo, antes que seu pai veja isso e resolva chiar nas minhas orelhas.

Manoel emitiu um arrulho animado segundos antes de a campainha tocar. Aliviada, Miah correu até a porta e recebeu Marian com um abraço apertado e um beijo no rosto.

Como sempre, a irmã de Nicolas vestia-se com elegância, ao mesmo tempo que mantinha a simplicidade em seus trajes. Usava uma saia branca, uma blusa sem mangas no mesmo tom de seus cabelos e sandálias marrons que combinavam com o colar de pedras cor de café. Era uma mulher muito bonita, com olhos escuros e rosto sereno, e tinha praticamente a mesma altura que Miah, que, embora amasse Ariadne, admitia para si mesma que Marian era sua cunhada preferida.

Quando se acomodou no sofá, Marian mostrou um sorriso carinhoso para Miah.

— Quando você me telefona dizendo que precisa conversar comigo, fico pensando em mil possibilidades. Mas, vendo-a pessoalmente, noto uma energia boa. Acredito, então, que o assunto será tranquilo.

— Depende do ponto de vista. Antes de começarmos a conversar, o que acha de um café ou um chá? Pode experimentar também uns biscoitinhos caseiros.

— Miah, você está se tornando uma verdadeira responsável pelo lar.

— Os biscoitos já comprei prontos e o café quase sempre sai fraco demais ou adoçado ao extremo. Nicolas prefere suco de melancia, então, não reclama quando eu faço.

Marian riu, e Miah foi até a cozinha. Alguns instantes depois, ela retornou trazendo um minibule branco numa bandeja azul e duas xícaras igualmente brancas. Em uma espécie de baleiro de vidro estavam os biscoitos, que a anfitriã ofereceu a Marian.

— Soube que Nic está trabalhando no caso do MC falecido — comentou Marian experimentando o café. Como a cunhada não arregalou os olhos, não empalideceu nem fez caretas, Miah deduziu que a bebida estivesse satisfatória.

— Pois é. O rapaz foi morto ontem logo após fazer uma pausa no *show*. Aparentemente, há vários suspeitos envolvidos, mas ele já está averiguando cada um bem de perto. O assassino não chegará muito longe. MC Testa tinha apenas vinte e um anos.

— Do ponto de vista material, é sempre muito trágico ouvir relatos de que uma pessoa tão jovem, independentemente de ser famosa ou não, tenha perdido a vida bruscamente. Já pelo lado espiritual, compreendemos que as leis divinas funcionam em absoluta perfeição e as coisas acontecem porque precisam acontecer. Há motivos diversos, histórias, planejamentos e experiências que antecederam o nascimento de cada um de nós, mas não percebemos que a vida funciona assim. Aí preferimos pensar que as coisas são injustas, incorretas, que Deus não existe, e por aí vai.

— Ele era famoso no mundo do *funk* e um dos cantores de maior sucesso da atualidade. Tenho certeza de que, neste momento, há muitos fãs confusos e chorosos com sua morte.

— Quando um fã é muito devoto a um ídolo e este falece de repente, o sofrimento que essa morte deixa registrado no coração daquele que o admirava causa uma dor indescritível. É comum que muitas pessoas sofram mais pela morte de uma celebridade do que pela de um familiar.

— A morte, de uma forma geral, representa dor e tristeza e deixa sempre a marca indelével da sensação de perda e vazio.

— Isso acontece porque temos a tendência de enxergar as coisas sob a ótica da materialidade. A ideia da morte remete ao fim de alguma coisa. Quando acreditamos que tudo se acaba com ela e alguém querido desencarna, sobram os sentimentos negativos. Ainda é um pouco difícil para as pessoas acreditarem que o espírito sobrevive ao desencarne e segue uma vida diferente no plano astral, mesmo que, atualmente, existam tantas provas conclusivas que nos dão essa certeza. — Marian mostrou um dos seus lindos sorrisos. — Sendo assim, o espírito desse MC continua vivo, só não sabemos em quais condições.

— Fiquei muito triste quando meu padrasto faleceu. Ele era tudo para mim. Ainda sinto a falta dele de vez em quando. — Miah deixou um suspiro escapar. — Claro que agora tenho Nicolas, que preenche minha vida por inteiro, mas uma pessoa nunca conseguirá substituir a outra.

— Tem seu filho também, que recebeu o mesmo nome do seu padrasto.

Marian notou que a expressão de Miah se alterou. A musculatura facial da repórter tornou-se mais rígida e seu olhar endureceu por completo.

— O que houve? — insistiu Marian.

— Estamos falando que a morte é mera ilusão, que os espíritos sobrevivem e continuam sua jornada do lado espiritual. Isso também mostra que esses espíritos podem renascer em locais diferentes, iniciando mais um ciclo terreno. Toda essa parte eu já conheço e acredito nela piamente. Quando Nicolas começou a ter aqueles sonhos com cenas de sua encarnação como Sebastian e em que eu aparecia na pele de Angelique, tive a maior prova da minha vida de que a reencarnação era um fato verídico.

“Não eram apenas sonhos; eram lembranças de uma época perdida na poeira do tempo, que, espiritualmente falando, tiveram um grande significado para nós. Mais tarde, sonhei com aquele feiticeiro chamado Dipak e tenho certeza de que, hoje, ele está reencarnado naquele corpinho adormecido dentro daquele quarto. — Miah apontou na direção do dormitório.

— Seus sentimentos por essa criança continuam os mesmos?

— Não creio que mudarão, Marian. Fico arrepiada na presença dele. Manoel me transmite uma sensação ruim o tempo inteiro. Não quero estar perto dele, não quero olhá-lo nem me sinto à vontade ao tocá-lo. Meu nível de sentimento maternal por ele está abaixo de zero. Se eu pudesse e se Nicolas consentisse, juro que o colocaria para adoção, embora pense que a família adotiva não mereça adotar um antigo bruxo do mal.

Apesar da seriedade do assunto e da expressão preocupada de Miah, Marian voltou a sorrir.

— Não somos hoje quem fomos no passado, Miah. Se, no início, alguém lhe contasse que Nicolas havia sido um inquisidor cruel e violento, que utilizava a lâmina afiada de sua espada para exterminar crianças, mulheres e idosos impiedosamente, talvez você nem aceitasse se envolver amorosamente com ele nos dias de hoje. O passado não tem força para moldar nosso presente, muito menos para servir de base para nosso futuro; ele serve como lição, experiência, mas não como referência de um modelo ideal.

— Sei que, como sempre, você está certa, mas...

— A Miah Fiorentino que está conversando comigo agora não é a Miah que vivia com o padrasto. Com a maturidade que possui atualmente, é muito provável que não tomasse as mesmas decisões que tomou no passado, quando era mais jovem. Você fez coisas das quais se arrepende profundamente, não é mesmo?

— E que me valeram uma passagem pela prisão — murmurou Miah com voz desanimada. — Não sente vergonha de ter uma cunhada que já perdeu o réu primário?

— Não vou responder a esta pergunta tola para não entrar nessa sintonia. Miah, você mudou muito de uns anos para cá, assim como Nicolas, eu e outras pessoas mudamos. Esse processo de metamorfose faz parte do nosso aprimoramento espiritual. A vida é dividida em fases, exatamente como acontece com as borboletas. Ora somos uma lagarta e nos movimentamos num ritmo mais lento; ora estamos recolhidos, voltados à nossa essência interior e fechados em nosso casulo; ora estamos voando em plena liberdade e indo aonde desejamos. Nós evoluímos dia a dia, adquirimos novos conhecimentos, angariamos mais maturidade e discernimento. A cada manhã em que abrimos nossos olhos, acordamos mais maduros, pensando de uma maneira diferente da que pensávamos em outros tempos. Isso é a evolução humana e tem sido assim desde os primórdios da história. Já imaginou se ficássemos estacados no mesmo ponto a vida inteira? Não seria necessário reencarnarmos, se voltássemos do mesmo jeito que chegamos aqui.

Marian tomou mais um gole do café e abriu o pote de vidro para apanhar um dos biscoitos doces.

— Você é outra pessoa, Miah. Uma pessoa que não tem nada a ver com a personalidade de Angelique. Nicolas luta por justiça, muito diferente do que Sebastian fazia. Se vocês mudaram muito de uma encarnação para outra, por que tem tanta certeza de que Dipak permanece do mesmo jeito e está aqui para prejudicá-la?

— Sinto isso em meu coração. Estou ligada a ele de muitas formas. Tudo o que eu mais queria era poder me livrar dessa criança. Pode me julgar por isso, se quiser.

— Quem julga, absolve ou condena é a consciência de cada um. Nesse momento, você está se condenando, sabia?

— Notei energias pesadas aqui em casa durante a madrugada. Hoje de manhã, estive em uma loja para ajudar Ariadne e Moira na escolha dos vestidos de noiva e tornei a ver sombras. São como fumaça. Além de mim, ninguém percebeu aquilo. Elas estão próximas de Manoel. Não estou louca, Marian.

— Nem por um instante pensei nisso. — Marian olhou para o outro lado da sala. — Posso vê-lo?

Miah assentiu e observou Marian levantar-se e dirigir-se ao quarto da criança. Pouco depois, voltou trazendo Manoel nos braços. O bebê mostrava um sorriso encantador a ela, mas ficou sério ao fitar Miah.

— Tenho a sensibilidade mediúnica bastante apurada, embora, no meu caso, se manifeste mais no processo de pintura dos meus quadros sob inspiração espiritual — continuou Marian. Ela tornou a se sentar e segurou as mãozinhas de Manoel. — Pelo menos agora, neste exato instante, não estou percebendo nenhuma energia negativa no ambiente.

— Esse bebê é a própria força ruim. Não sei como você não consegue perceber.

Como se tivesse compreendido cada palavra dita por Miah, Manoel ampliou ainda mais seu sorriso sem dentes. Arrulhou alguns sons que deixariam qualquer mãe orgulhosa, mas seus ruídos provocaram mal-estar em Miah.

— Nicolas o ama?

— Acho que sim, mesmo acreditando na possibilidade de que ele seja Dipak, Nicolas parece não levar a questão muito a sério. E o bebê não o assusta, como tenta fazer comigo.

Marian assentiu e estudou atentamente os olhos da criança. Ele a encarava fixamente, e, aos poucos, seu sorriso carismático foi desaparecendo. De repente, Marian sentiu como se uma lâmina pontuda atravessasse seu cérebro e, fechando os olhos, quase emitiu um gemido de dor. Como se já esperasse por aquilo, Miah pulou do sofá e pegou Manoel nos braços. Precisou se conter para não o chacoalhar.

— Seu demônio! Pare com isso agora! Se machucar as pessoas que eu amo, juro que o jogarei pela janela. Pelo menos, voltarei feliz para a penitenciária, e você retornará para o umbral, lugar de onde nunca deveria ter saído.

Marian pressionava com as mãos cada uma de suas têmporas, em um ricto de dor. Desesperada, Miah correu até o quarto do filho e praticamente o atirou no berço. Assustado com o baque repentino, Manoel começou a chorar alto, mas Miah o ignorou, trancou a porta ao sair e andou depressa até Marian, que murmurava baixinho, certamente fazendo uma prece.

— Meu Deus, Marian, quer que eu chame uma ambulância?

— Está passando — ela sussurrou, sentindo pontadas violentas dentro da cabeça. — Estou pedindo proteção ao meu mentor e aos amigos espirituais.

— Acredita em mim agora, quando digo que essa criança não pode continuar aqui?

— Nunca duvidei de você, Miah. — Com os olhos fechados, Marian balbuciou mais algumas palavras, mentalizando um halo de luz em torno de si. Aos poucos, a dor foi diminuindo, como se um analgésico poderoso estivesse agindo em seu organismo.

— Desde antes de nascer, ele ataca as pessoas por meio de uma conexão mental, lhes infligindo dor. Como isso é possível?

Marian massageou as laterais da cabeça, sentindo as dores desaparecerem. Da sala, era possível ouvir os gritos desesperados de Manoel, que berrava a plenos pulmões.

Quando Marian reabriu os olhos, avistou quatro figuras sombrias paradas do lado de fora do quarto do bebê, posicionadas duas de cada lado, e soube perfeitamente o que aquilo significava.

Ela, então, fez outra oração pedindo proteção aos seres de luz para que o ambiente ficasse isolado da presença de forças espirituais negativas e obscuras. Quando terminou, reabriu os olhos e não viu mais nada. A dor em sua cabeça havia sumido, como se nunca tivesse existido.

— Como está se sentindo? — perguntou Miah agachada diante de Marian.

— Miah, você tem um problema sério aqui — disse por fim.

— E ele se chama Manoel.

— Não se trata apenas dele. — Como Miah fizera anteriormente, foi a vez de Marian extravasar um longo suspiro. — Há espíritos obsessores aqui e eles estão acompanhando seu filho. São as formas escuras que você havia notado. Pela maneira quase protetiva em que guarnecem o quarto de Manoel, posso arriscar dizer que eles se conhecem. Estão aqui para protegê-lo e defendê-lo. Não quero assustá-la, mas prevejo que eles tentarão atacá-la.

— Jesus, tenha misericórdia de mim! — exclamou Miah quase às lágrimas.

— E tem mais uma coisa... talvez ainda mais complexa do que isso.

— É possível piorar além do que já está?

— Quando desencarnou, Dipak levou consigo seus poderes espirituais. Ele consegue invadir a mente das pessoas psiquicamente. Ao fazer isso, projeta ali tanto ódio que essa sensação resulta em dor no indivíduo. Há alguns estudos sobre isso.

— Meu filho é telepático, mas usa isso para fazer maldades?

— Telepatia é a capacidade de adquirir informações por meio dos pensamentos ou construir uma linha de comunicação direta entre duas mentes. Não é isso que Manoel faz. Ele direciona seus sentimentos perversos ao seu alvo com tanta habilidade que lhe causa uma dor violenta. Há pessoas encarnadas que também conseguem isso de outras maneiras. Já esteve perto de alguém que lhe trouxe uma sensação horrível, que a deixou nauseada, com a impressão de ter sido esmagada por um trator?

— Acontece todas as vezes em que me encontro com sua mãe.

Marian mostrou um sorriso fraco.

— Manoel age dessa forma, e o mais impressionante é que, mesmo aos quatro meses de idade, ele tem domínio do que está fazendo. Claro que seu corpo físico é o de um bebê, mas o espírito ali dentro não é. Posso estar muito enganada, mas esses espíritos se prepararam antes de chegar aqui e devem estar dispostos a ajudá-lo. Se houve um plano elaborado pelas trevas antes do reencarne de Dipak, todos eles estão jogando juntos para fazê-lo dar certo.

— Juro que não conseguirei dormir esta noite.

— Não quero que se assuste, Miah, mas busque proteção para você e para Nicolas. Correndo de um lado para o outro na tentativa de solucionar o assassinato do MC, ele acaba deixando de lado essa questão de proteção espiritual. Procure ajuda em um centro espírita e, se for necessário, leve Manoel consigo. Conheço algumas casas que prestam atendimento de qualidade aqui na cidade, exercendo um trabalho sério com a espiritualidade.

— E se ele tentar explodir a cabeça das pessoas no centro?

— Trata-se de um local preparado para receber todos os tipos de espíritos. Ele será neutralizado, caso tente usar sua influência lá dentro.

— Isso se acreditarem em mim. As pessoas pensam que sou louca, Marian. Nem mesmo Nicolas coloca muita fé quando falo de Manoel. Minha sorte é o fato de você ter passado por essa experiência há pouco tempo, ainda que tenha feito tanto mal à sua cabeça.

— Estou melhor, Miah. Não perca tempo. Se puder, vá ao centro com urgência. Posso ir com você, se desejar.

Ao fundo, Manoel continuava bradando um pranto desesperado.

— Aceito, sim. Podemos combinar isso direitinho. Agora, preciso ir ao quarto daquela criatura para acalmá-lo. Não sei o que fazer, sabia?

— Sempre que se aproximar dele, reze bastante. A oração é mais poderosa do que a força que ele acredita ter. Isso também deve inibir a presença de seus acompanhantes.

— Obrigada, Marian. Ainda bem que tenho você em minha vida. Ah, e antes que sejamos dizimadas por esse bebê encapetado, gostaria que visse uma coisa. — Miah foi até a bolsa e, olhando com desconfiança para a sala e para o corredor que levava aos quartos, retornou trazendo um papel na mão. — Esta é a nota fiscal referente ao vestido que compramos para sua irmã. Sei que é caro, mas gostaria de saber se você pode participar do rateio.

Marian constatou que o valor era realmente exorbitante, mas assentiu.

— Nunca deixaria de ajudar minha irmã. Vamos tentar focar nas coisas boas, Miah. Elas nos trazem uma sensação gostosa, que felicita nosso espírito.

Miah concordou, e elas continuaram conversando.

Do lado de fora do apartamento, próximo ao elevador, estavam reunidos os quatro espíritos que foram expulsos do apartamento após a prece realizada por Marian.

— Quem é essa mulher, afinal? — questionou-se Dionísio. — Uma feiticeira como nós? Como conseguiu nos varrer do ambiente com tanta facilidade?

— Parece que ela tem algum conhecimento sobre o mundo espiritual, portanto, acredito que nos dará mais trabalho — contrapôs Ares. — Ainda assim, penso que devemos concentrar nossas ações em Angelique. É por ela que estamos aqui, atendendo às ordens do nosso Grande Senhor.

— Vocês viram que ele tentou destruir a mente dela, mas a mulher se recuperou rapidamente. — Afrodite estava assombrada. — Dionísio tem razão. Ela é muito poderosa.

— Não é tanto assim, senão nem teria sido atingida. — Hefesto caminhou alguns passos na direção da porta do apartamento de Miah, mas parou repentinamente, pois, embora não conseguisse enxergar, ali estava uma barreira invisível que bloqueava sua passagem. — Ela criou um campo magnético, que, pelo menos por enquanto, nos impede de retornar. Para enfraquecer essa proteção, Angelique e Sebastian precisam se desentender. Uma boa discussão sempre baixa as vibrações de um ambiente.

— Essa mulherzinha intrometida também precisa ser neutralizada. — Afrodite deu um soco no ar. — O nome dela é Marian.

— O foco não é ela, e sim Angelique — tornou Dionísio. — Se a mantivermos longe daqui, nosso plano dará certo. Lembrem-se de que somos feiticeiros das sombras e temos muito conhecimento sobre obsessão espiritual.

— Mesmo com tanto conhecimento, não conseguimos romper essa proteção maldita. — Rosnou Ares furioso. — E nosso Grande Senhor Dipak não pode ficar desprotegido. Lembrem-se da missão que ele confiou a nós antes de reencarnar. Somos quatro cabeças pensantes, portanto, agiremos como uma verdadeira equipe. Nosso mestre ficará orgulhoso de todos nós.

— Tenho uma ideia — comentou Hefesto, expondo seu pensamento aos demais. Ao ouvi-lo, todos concordaram que seria uma boa tática para reverter o ocorrido. — O Grande Senhor terá sua vingança, algo que ele aguarda há séculos. Angelique, que agora parece não ser uma bruxa poderosa, está muito mais vulnerável.

— Desde que consigamos manter a cunhada distante dela, é possível que tudo dê certo.

Cabeças anuíram em concordância com a última frase dita por Afrodite. Em breve, todos eles teriam motivos para celebrar a vitória.

Capítulo 11

O edifício era todo revestido com vidro e refletia o céu azul da cidade como um espelho gigante. Possuía apenas seis pavimentos e, apesar de pequeno, era um dos hotéis mais procurados da cidade por aqueles que podiam pagar por sua hospedagem. Yasmim, a namorada de Testa, estava hospedada ali e, de acordo com as pesquisas de Mike, MC Apocalipse também se encontrava no mesmo lugar.

Nicolas não demonstrou surpresa ou estranheza quando soube, por meio da simpática recepcionista, que os dois estavam hospedados no mesmo apartamento. A caminho do elevador, ele virou-se para Mike:

— Pago seu almoço hoje se adivinhar o que estou pensando.

— Considerando que comida é coisa séria e faz horas que estou faminto, vou caprichar no jogo de adivinhação. Até hoje de manhã, pelo menos oficialmente, as pessoas ainda não sabiam que Testa estava morto e acredito que não houve vazamento da informação. Sendo assim, imagino que Yasmim estivesse sozinha no apartamento, visto que ainda não tinha informações sobre seu namorado após a interrupção do show. Por que, então, MC Apocalipse e a moça estavam juntos no mesmo quarto? Isso nos leva a inúmeras hipóteses. A primeira delas é a de que os dois teriam um caso. Por outro lado, se Testa estivesse vivo, cedo ou tarde, saberia que eles estavam dividindo o mesmo apartamento. E qual seria sua reação? A de um homem ciumento ou para ele estaria tudo bem, como se não se importasse em dividir a namorada com um dos parceiros de trabalho?

— Você acaba de ganhar o almoço, Mike. — Nicolas apertou o botão de número 6 no painel e o viu iluminar-se quase na mesma intensidade dos olhos do policial, que cintilaram como estrelas. — Seu raciocínio é o mesmo que o meu. Em se tratando dessa galera do *funk*, pouca coisa é capaz de me surpreender. Tenho a impressão de que alguns deles compartilham os parceiros como quem divide um cigarro.

— Também já estou antecipando as reações deles: estarão tristes, abalados, inconformados... Um assassino competente consegue fingir esses sentimentos com facilidade.

— Sim, mas precisarão ser grandes atores para nos tapear. Vamos nessa — anunciou Nicolas, saltando no sexto andar.

Yasmim e Apocalipse já os aguardavam no corredor, diante da porta do quarto em que estavam hospedados, e, assim como Mike previra, pareciam tristes, abalados e inconformados.

Os cabelos louros da moça estavam soltos e de seus olhos verdes escorriam lágrimas incessantes. Era uma garota pequena, mas seu corpo era escultural. Seios exageradamente grandes destacavam-se pela blusa muito justa que vestia.

Apocalipse era um rapaz bem corpulento, quase da mesma idade de Testa. Usava um boné virado para trás e três grossas correntes douradas no pescoço. Ao estender a mão para cumprimentar Nicolas e Mike, revelou mais acessórios dourados: pulseiras decoradas com pedras verdes e um anel em cada dedo. Não era preciso ser ourives ou joalheiro para avaliar que as joias eram verdadeiras e deveriam custar um preço inacessível à maioria dos seres humanos.

Tanto Yasmim quanto Apocalipse tinham várias tatuagens em diversos pontos do corpo. Nicolas também reparou que, no braço direito do rapaz, havia a frase "Aprendi a ser um homem com meu pai, que é uma mulher". O interessante era que, no lugar das aspas, pequenas facas substituíam a pontuação.

— Cara, sei que você veio nos contar o nome do maldito que tirou a vida do meu parceiro — comentou Apocalipse, conduzindo os visitantes ao interior do apartamento. — Farei tudo o que estiver ao meu alcance para descobrir o responsável, que, inclusive, está me prejudicando financeiramente.

— Por que diz isso? — Nicolas fitou-o com interesse.

— Porque eu tinha dois *shows* agendados para hoje de manhã no interior do Rio de Janeiro e fui forçado a cancelá-los, desde que fomos obrigados a permanecer na cidade.

— O assassino ainda não foi encontrado — interveio Mike. — Para nos ajudar, vocês precisam responder a algumas perguntas.

— Então somos suspeitos? Devo chamar meu advogado? — Apocalipse ergueu uma sobrancelha. — De qualquer forma, ele já estava a caminho da cidade.

— É um direito seu ser interrogado na presença de um advogado, assim como é meu direito conduzir o interrogatório na delegacia. Devo lembrá-los de que a mídia está em peso naquela área e acredito que não gostariam que chegassem aos noticiários a informação de que foram obrigados a prestar depoimento formal na delegacia. Posso ouvi-los aqui mesmo, ou lá, com nosso delegado. O que preferem?

— Vamos facilitar as coisas, por favor. — Yasmim pousou a mão sobre a de Apocalipse. — Eles querem nos ajudar, sei disso.

— Certo. — Apocalipse sentou-se e cruzou os braços sobre a barriga estufada. — Desembucha logo.

Nicolas pensou em como era incrível a capacidade que algumas pessoas tinham de mudar seus sentimentos rapidamente. Não fazia nem três minutos que Apocalipse parecia desolado no corredor do hotel e, agora, exibia uma expressão que era um misto de raiva e provocação.

— Mais uma piadinha dessas e realmente precisará do seu advogado para defendê-lo. Se continuar com seu sarcasmo, você só conseguirá me irritar.

Apocalipse mastigou a irritação, mas manteve-se em silêncio. Nicolas trocou um olhar com Mike, que avaliava atentamente o tamanho dos pés dos suspeitos.

— Quero ver seu tênis — ordenou Nicolas. — E uma sandália sua — completou voltando-se para Yasmim.

Mesmo parecendo intrigados com o pedido, cumpriram a ordem. Nicolas observou que Yasmim calçava número 36 e que Apocalipse usava 39. Por enquanto, ele permaneceria na lista.

— Por que estão fazendo isso? — sondou o MC.

— Alguém que estava no camarote assassinou Testa com um golpe certeiro de faca e essa pessoa calça 39. A balbúrdia dos fãs, a agitação do momento, a emoção com o *show* e o efeito dos entorpecentes, que todos pareciam estar usando, facilitaram a ação do assassino. Ele se aproveitou dessa intensa movimentação para procurar Testa e acertá-lo com a faca. Você teria algum motivo para isso, Apocalipse?

— Eu? — Ele arregalou tanto os olhos que pareceu que saltariam das órbitas. — Eu amava aquele cara. Tem ideia do que seja isso?

— Tenho, sim, inclusive lhe garanto que escutei isso de várias outras pessoas relacionadas a ele. Quero saber se vocês discutiram ou brigaram recentemente. Tenho meios de confirmar as informações, caso pense em mentir ou omitir algum fato.

— Negativo. A gente se dava superbem, tanto que eu estava lá, entre os mais chegados dele.

— Soube que você também é um MC muito famoso.

— Estourado, mano — confirmou Apocalipse.

— Com a morte de Testa, sua carreira deve deslanchar ainda mais. Vocês podiam ser grandes amigos, mas, de certa forma, eram também concorrentes. Estou errado?

— Suas insinuações são um absurdo, cara! — Apocalipse pegou o celular. — Realmente, preciso que meu advogado esteja comigo, pois você está insinuando que matei Testa para me beneficiar na rasteira de seu sucesso. Não preciso disso, meu filho. Você nem sabe como as parcerias funcionam no *funk* para estar aqui falando asneiras.

— Ótimo. Chame seu advogado. Aguardarei com a paciência de um ermitão. — Imitando Apocalipse, Nicolas também cruzou os braços. — Mike, peça a Elias que mande uma viatura para cá. E quanto a você, faça a gentileza de comunicar a seu advogado que ele deverá encontrá-lo na delegacia.

— Parem com isso por Deus. — Yasmim tirou o celular das mãos de Apocalipse. — Estamos juntos pela mesma causa. Não adianta brigar com a polícia, ou parecerá que você é o principal suspeito. Quero saber quem matou Testa e o motivo.

— Você teria algum motivo para isso, Yasmim?

— Eu sabia que ele estava me traindo com várias garotas, mas não me importava, porque Testa me dava uma vida de rainha. Depois que comecei a namorá-lo, me tornei famosa; tenho hoje dois milhões de seguidores no Instagram. Ele podia ter seus momentos íntimos com as outras, mas era a mim que ele amava.

— Charlotte o desejava de volta?

— O tempo dela terminou, aí Charlotte usou o velho golpe da barriga para dizer que estava esperando um filho dele. Ela é uma chantagista barata, por isso Testa a trouxe para assistir ao *show*.

— Você e Apocalipse são amantes? — Soltou Nicolas de repente.

Ambos reagiram de forma diferente à indagação. O MC manteve o ar irônico, enquanto Yasmim se mostrou um tanto desconcertada.

— Respondam apenas sim ou não. Vocês estão juntos aqui, dividindo um quarto onde só há uma cama de casal. A pergunta que faço é: se Testa estivesse vivo, o que ele diria ao vê-los aqui, juntos?

— Você é muito atrasado, parceiro. Testa confiava Yasmim aos meus cuidados, e sempre esteve tudo certo. Hoje em dia, as coisas são assim mesmo. Nós gostamos de quebrar essas regras chatas da sociedade.

Nicolas discordava de Apocalipse, pois jamais consentiria que Miah dormisse na mesma cama que um amigo seu, por mais que confiasse em ambos. Se o mundo estava tão moderno àquele ponto, ele, então, era realmente um homem retrógrado.

— Desde quando estão juntos? — insistiu Nicolas, começando a desenhar mentalmente uma possibilidade que levasse à motivação do crime.

— Cara, às vezes dormimos juntos. É só isso. Yasmim era fiel a Testa. Era ele que quase sempre pulava a cerca.

Ao dizer isso, Apocalipse soltou uma gargalhada sarcástica. Sim, em nada lembrava o rapaz choroso que estava no corredor momentos antes.

Nicolas os encarou em silêncio por alguns instantes, por tempo suficiente para incomodá-los. Por fim, fez um sinal para Mike, demonstrando que a conversa estava encerrada. Saiu sem dar mais explicações. Quando estavam de volta ao carro do investigador, Mike comentou:

— Achei que você fosse pressioná-los mais. Eles estão escondendo todo o ouro.

— Sei disso, entretanto, quanto mais eu os apertar, mais eles negarão qualquer coisa. Eles eram amantes e aparentemente Testa aprovava a relação. Realmente, não entendo como isso funciona, mas isso não é um problema. A grande questão é que Apocalipse tinha um bom motivo para eliminar o companheiro de palco. Com Testa fora da jogada, ele brilharia sozinho por muito tempo e ainda poderia ficar com Yasmim até enjoar dela sem que ninguém o cobrasse por isso. Quero intimá-los a um depoimento formal na delegacia, e os dois devem ser interrogados separados. Com ou sem advogado, esse sujeito vai ter que cantar toda a letra que desejarmos ouvir.

Nicolas parou diante de um semáforo, tamborilando os dedos sobre o volante. Estava pensativo, com a mente trabalhando a todo vapor.

— Ainda temos três suspeitos para interrogar. Lucca, o melhor amigo de Testa; Kevin, o cara que o levou à fama, e Patrick, dono da produtora e que parece ser o mais endinheirado de todos. Estou pensando seriamente na possibilidade de ganharmos tempo intimando os três a deporem na delegacia ao mesmo tempo. Essa gente tem dinheiro e fama e usará ambos para darem o fora desta cidade assim que puderem. Não quero correr o risco de que o assassino escorra por entre nossos dedos como se fosse água. Comunique Elias sobre minha ideia e veja o que ele acha.

Porém, antes que o policial começasse a falar pelo rádio, Elias o interrompeu:

— Mais um suspeito se apresentou por livre e espontânea vontade. Trata-se de Lucca Penteado. Ele quer conversar com Bartole e está desacompanhado.

— Tudo bem. Vamos retornar à delegacia. Depois, precisarei de um tempo para estruturar meus pensamentos e tentar ter uma visão melhor do que conseguimos até aqui.

O chamado encerrou-se. Mike olhava de soslaio para Nicolas, mas não o interrompeu. Sabia que a mente do investigador estava trabalhando em alta velocidade e não queria romper sua linha de raciocínio.

Os dois, então, seguiram em silêncio até a delegacia.

Capítulo 12

Se havia alguém que Nicolas poderia descrever como sendo um androide essa pessoa era Lucca Penteado. O rapaz sentado à mesa de interrogatório era a imagem e semelhança de um robô. Sua pele era muito clara, deixando visíveis as veias azuladas no pescoço e nas mãos. Era magro, de rosto imberbe, cabelos escuros e lisos. Sua postura revelava que ele era uma pessoa tímida, pois mantinha os olhos baixos e os dedos entrelaçados. Todavia, quando encarava Nicolas, parecia transmitir uma força glacial por meio do olhar.

Além de Lucca e de Nicolas, Elias e Mike estavam na sala.

— Desde a infância, Rodrigo e eu sempre fomos amigos. — Ele começou a falar com voz baixa, quase automatizada, o que cada vez mais dava a Nicolas a certeza de que aquela pessoa não era feita de carne e osso. — Você pode confirmar essa informação com o senhor João, pai dele. Nasci, cresci e morei nesta cidade até meus dezesseis anos. Ah, Rodrigo e eu temos a mesma idade.

— Por que você não o chama pelo nome artístico dele?

— Bobagem! Os fãs o reconhecem como Testa, mas, para mim, ele sempre será Rodrigo. Simplesmente isso. Quando meu pai foi transferido para São Paulo, tivemos que nos mudar para a capital. Foi então que me separei de Rodrigo, mas, até então, éramos muito unidos. Mesmo assim, mantivemos contato por mensagens e pelas redes sociais. Logo depois, ele começou a cantar *funk*, algo de que já gostava havia bastante tempo. Seu timbre vocal agradou às pessoas certas. Kevin conseguiu promovê-lo dentro da produtora de Patrick, que é a maior e mais famosa desse gênero musical. Ele foi o responsável por levá-lo ao estrelato, mas isso só foi possível porque o próprio Rodrigo era muito talentoso. No meio artístico e cultural, você morre na praia se não tiver talento e habilidades necessárias para se manter em alta.

— Rodrigo tinha ambas as qualidades — comentou Elias.

— Sim. Ele sempre dizia que o *funk* o revolucionou e que se tornou um milionário graças às suas músicas. Ganhava muito dinheiro por mês, pois recebia verdadeiras fortunas a cada *show* que fazia.

— Você gosta de *funk*? — indagou Nicolas.

Os olhos escuros e frios do rapaz estavam fixos nele.

— Não, não gosto. Prefiro *rock*. Faz mais meu tipo.

"Não é o que parece", pensou Nicolas, analisando os gestos e movimentos de Lucca.

— Antes que me perguntem o que eu estava fazendo no camarote de um *show* de *funk*, já aviso que Rodrigo me convidou por telefone. Não gostei da turma que ele levou. Fumaram maconha, consumiram drogas mais pesadas, fumaram naqueles narguilés que liberam odores adocicados e enjoativos, falaram sobre sexo grupal com a naturalidade de quem deseja bom-dia a alguém, enfim, esse mundo não me atrai. Uma ou outra música pode até ser interessante, mas ainda prefiro *rock*.

— Você admirava Rodrigo no papel de MC Testa? Sentia orgulho de ter um amigo famoso?

Lucca contemplou Elias, que o inquirira, e pareceu pensar nas questões antes de respondê-las.

— Rodrigo soube crescer na vida, e isso independe do caminho escolhido. Muitos dizem que foi sorte, mas penso que ele soube aproveitar as oportunidades que surgiram para mostrar seu talento a um público cada vez maior.

Nicolas reparou que Lucca falava como se tivesse ensaiado cada palavra. Nada nele soava natural. Ao contrário de todos os suspeitos anteriores, que demostraram diversas reações e emoções, não era possível captar nada naquele rapaz. Seus olhos eram insondáveis e não havia nada em seu semblante que revelasse seus sentimentos. Lucca simplesmente falava e encarava seu interlocutor. Não alterava o tom de voz, não demonstrava incômodo por estar sentado em uma sala de interrogatório de uma delegacia, não extravasava emoção ou angústia. Nada. Era como se fosse uma máquina programada para expor o que lhe fora instruído previamente.

— Você já soube como Rodrigo foi morto? — questionou Nicolas.

Ele assentiu com sua frieza impressionante.

— Sim. Uma facada no coração.

— Como se sente, sabendo que seu amigo perdeu a vida?

— Estou muito mal com toda essa história.

Mas não era o que parecia, a menos que ele fosse perito em mascarar os próprios sentimentos.

— Sei que sou um dos suspeitos, mas, mesmo assim, decidi me apresentar a vocês. Eu não o matei, até porque não teria motivos para fazê-lo. Outrossim, com exceção do pai dele, qualquer pessoa presente naquele lugar poderia ter cometido o crime. Eles são estranhos e não agiam como seres humanos normais.

Nicolas franziu a testa, pois o próprio Lucca estava longe de se comportar como um ser humano comum.

— Por que faz esse julgamento? — questionou o delegado.

— Porque Rodrigo morreu ontem à noite. E sabe o que eles vão fazer hoje à noite? Uma revoada.

— Defina revoada — pediu Nicolas.

— Eles chamam de bololô. É uma festa aberta, que conta com a presença de muitas mulheres sensuais. Elas vão ao local para servirem de objetos sexuais aos homens que estiverem presentes. O organizador da festa é justamente Patrick, o ricaço dono da produtora. Rodrigo nem sequer foi enterrado, e, menos de vinte e quatro horas após a morte dele, já organizaram uma megafesta regada a bebidas e sexo. Digam-me: um ser humano enlutado se comportaria dessa forma?

— Onde a festa vai acontecer, visto que nenhum deles reside no município?

— Alugaram uma casa na saída da cidade. Tem piscina e tudo. Sei dessas informações porque foram divulgadas nas redes sociais do próprio Patrick e estão abertas para que todos possam conferir. Ele disse que a festa será em homenagem a Rodrigo e garantiu que, apesar do choque causado pelo assassinato, o falecido gostaria que eles se divertissem em vez de chorarem por muito tempo. Não concordo com essa declaração, mas quem sou eu para dizer o contrário?

— Você afirmou que não teria motivos para cometer o crime e viu pessoas ali a quem julgou serem estranhas. Algum comportamento específico de algum deles lhe chamou a atenção? — perguntou Nicolas.

— Sei lá. Qualquer um ali poderia ir até Rodrigo e atingi-lo com uma faca. Alguns estavam drogados, ainda que isso não justifique o homicídio.

— Também penso que o assassino estava com a mente bastante lúcida, ou teria cometido erros que facilitassem nosso trabalho. Quero que permaneça na cidade até a captura do criminoso. Fui claro?

— Já sei disso. Não vou fugir, porque não o matei. Não preciso me esconder.

Com sua postura robótica, Lucca levantou-se e saiu marchando em direção à porta. Quando se viram sozinhos, Elias comentou:

— Juro que tive vontade de cortar a pele dele para saber se há carne e sangue por baixo, ou um punhado de fios e metal.

— Tive a mesma impressão. Ele é um sujeito muito estranho. Aposto que é um garoto antissocial, sem namorada ou muitos amigos. Mike, veja o que consegue descobrir sobre esse rapaz.

— Tudo bem. Apesar de ele garantir que não matou Testa, acho que seria capaz de golpeá-lo com uma faca e mostrar esse semblante inexpressivo logo em seguida.

— Não vi nele motivos para cometer o crime, contudo, acho importante nos aprofundarmos mais na vida dele, para tentarmos descobrir algo interessante. E agora, Elias, vou para casa descansar por algumas horas. Quero traçar um mapa geral com todas as informações que levantamos até aqui. À noite, convocarei Mike para uma visita à tal festa. Como ele a chamou mesmo?

— Bololô! — adiantou-se Mike.

— Meu Deus! De qual dicionário eles tiram esses nomes? De qualquer forma, Mike e eu iremos até lá.

— Tomem cuidado — alertou Elias. — Funkeiros não são os melhores amigos dos policiais. Basta conferir as letras de suas músicas.

— Ficaremos atentos. Até mais tarde! — Nicolas acenou e foi embora.

***

Miah aguardava Nicolas com o apartamento recendendo a jasmim. Ela fizera uma limpeza rápida por duas grandes razões: a casa realmente estava precisando de uma faxina e, o mais importante, Miah acreditava que a limpeza favoreceria a expulsão dos espíritos horrorosos que estavam por perto. Na cabeça da repórter, obsessão espiritual não combinava com ambientes limpos e cheirosos, mesmo que uma coisa não tivesse muito a ver com a outra.

Ela recebeu Nicolas na porta com um beijo longo e apaixonado. Ele a avisara de que ficaria em casa durante a tarde. Almoçariam juntos, mas, desta vez, teriam que pedir comida fora.

— Novidades sobre o caso do MC? — perguntou Miah, enquanto Nicolas se sentava no sofá, desafivelava o coldre com a arma e tirava os sapatos.

— Muitos suspeitos, mas quase todos disseram que amavam o cara e não o matariam. Num primeiro momento, a impressão que temos é a de que todos eles são inocentes, mas há bastante sujeira debaixo do tapete. E é isso que quero destrinchar daqui a pouco com um organograma que pretendo fazer. Preciso visualizar melhor os suspeitos e as possíveis razões que teriam para cometer o crime. Ainda restam dois a serem interrogados, mas, mesmo assim, vou começar a trabalhar com o que tenho até aqui.

— Quanto mais suspeitos, mais difícil fica a investigação. Vi que a mídia está cobrando atualizações sobre o caso a todo momento. E, assim que eu voltar a trabalhar, vou me juntar a eles e pegar no seu pé também.

— Não vale! Você sempre obtém informações exclusivas de mim. Informações que eu nem poderia lhe passar.

Miah riu e apanhou o celular.

— O que vamos almoçar? Hoje, eu o deixarei escolher.

— Pensei em algo leve. Preciso estar bem para bancar o penetra e invadir uma festa povoada de funkeiros hoje à noite. Para mim, uma salada básica e alguma carne já será o suficiente. Não se esqueça de pedir suco de melancia natural.

— Então vamos ver o que temos aqui.

Miah abriu o aplicativo de um restaurante e começou a consultar as opções de pratos *à la carte* para entrega. Érica saiu do corredor e andou depressa até o sofá. Com graciosidade, saltou sobre o colo de Miah, lançou com um único olhar chispas de raiva na direção de Nicolas e acomodou-se ali, enrolando-se até se transformar em uma bola de pelos brancos e macios.

— Manoel está dormindo? — perguntou Nicolas.

— Veja essa opção. Arroz integral, rúcula, abóbora e brócolis assados e temperados com molho picante, amêndoas frescas, caponata de berinjela e molho pesto. Acompanha filé de frango marinado no azeite. Deve ser um prato muito gostoso.

— Gostei. Pode pedir para mim.

— Vou pedir a mesma coisa para mim também. Um suco de melancia para você e um de caju para mim. — Miah apertou mais alguns comandos na tela, efetuou o pagamento e sorriu. — Feito. Previsão de entrega: trinta minutos.

— Você não me respondeu se Manoel está dormindo.

— Ele estava até agora há pouco. Comecei a limpar a casa e não voltei ao quarto dele. Quando acorda e se sente sozinho, desanda a chorar. Se o silêncio está imperando, ele deve estar sonhando com os anjos, mas não com os do tipo que usam batas brancas, possuem asas imensas, repletas de penas longas, e trazem auréolas douradas pairando sobre a cabeça.

— Estava demorando para o deboche começar.

— Estou sendo sincera. Esse é o filho que temos. O que posso fazer?

— Exatamente, Miah. É o filho que temos e ele, goste você ou não, é nossa responsabilidade.

— É, eu não gosto. Mesmo assim, ele está sendo bem tratado. Tenho dado o meu melhor para atendê-lo.

— Não disse o contrário e não a julgo por não amá-lo. Apenas...

— E como eu poderia amar essa criança, Nicolas? Vi claramente nos sonhos o espírito que está reencarnado no corpo de Manoel. Sei quem ele é e tenho uma vaga ideia do motivo de ter regressado à Terra. Você sabe tudo o que passei durante a gestação dessa criança. Tive visões horríveis, sonhos tenebrosos, premonições assustadoras. Fui eu que carreguei esse ser aqui dentro por longos nove meses. Até o momento do parto foi difícil para mim, pois cheguei a me ver morta quando isso acontecesse. Está lembrado, não está?

— Você está confundindo as coisas, Miah. Por Deus, não é um bruxo que está naquele berço, mas um bebê de apenas quatro meses. Você também não é mais a feiticeira Angelique, e não sou Sebastian. Séculos se passaram desde o período da Inquisição. Nós mudamos muito de lá pra cá.

— Marian esteve hoje aqui, e conversamos exatamente sobre isso. Não somos hoje quem fomos ontem, mas isso não anula meus sentimentos por essa criança. Não consigo gostar do nosso filho, Nicolas. Não consigo amá-lo, por mais que me esforce. E não consigo perdoá-lo. Não o bebê em si, mas quem ele realmente é.

— O que Marian pensa a respeito?

— Ela foi atacada por Manoel. Marian sentiu aquela dor de cabeça lancinante que ele já causou em outras pessoas. Se estiver duvidando de mim, ligue para sua irmã e confirme. E não é só. Percebemos que há espíritos obsessores por perto, espreitando como chacais em busca de restos mortais. Devem ser auxiliares de Dipak ou talvez estejam aqui apenas para infernizar minha vida.

— Miah, você não acha que já temos problemas demais na vida para nos preocuparmos com aquilo que não podemos ver? Tenho um assassino para prender.

— Quando a prisão acontecer, você terá concluído mais uma investigação com êxito e a família de MC Testa terá a certeza de que a justiça foi feita. No entanto, isso não altera em nada a situação que precisamos lidar aqui, em nosso apartamento. Penso que devemos matricular nosso filho em uma creche para que possamos nos livrar dele por algumas horas.

— Ele estaria conosco durante toda a noite e a madrugada. É nosso filho, Miah.

— Quer eu goste ou não — ela replicou, usando as palavras de Nicolas. — E cada vez mais essa ideia me assusta. Não é um bebezinho normal. Ele nem sequer faz "gugu-dadá". Em vez disso, quase provoca AVC nas pessoas. Imagina quando ele estiver maior. Certamente, Manoel cometerá um crime, e você não poderá prender o próprio filho por falta de provas materiais.

Nicolas não respondeu. Levantou-se do sofá e foi em direção aos quartos. Miah já sabia o que ele faria e acertou quando o viu retornar trazendo Manoel no colo. Ela revirou os olhos, contendo a irritação.

— Infelizmente, Miah, ele é nossa família.

— Só se for a sua. Eu o rejeito e não estou nem aí se você e o restante do mundo me condenem por isso. Não gosto dessa criança e quero distância dela.

— Abandono de incapaz é crime.

— Então, muito em breve receberei voz de prisão, pois tenho cada vez menos vontade de estar no mesmo recinto que ele.

Nicolas olhou para Manoel, que o fitava de volta com curiosidade. Era uma criança linda. Ao contemplar o rostinho encantador do filho, não conseguia enxergar toda a maldade que Miah relatava.

— Ele é tudo o que temos, Miah. Lamento lhe dizer, mas você precisará mudar sua postura.

— Não vou mudar nada. Não quero esse bebê aqui.

— Então, o que faremos com ele? — questionou Nicolas, alterando o tom de voz. — Atirá-lo em um cesto de lixo ou abandoná-lo na porta de um abrigo?

— As duas possibilidades me soam atraentes.

— Miah, você não está raciocinando com clareza. Não podemos simplesmente dar um fim em

Manoel somente porque julgamos que ele seja um mago das sombras...

— Para mim, chega! — Miah ficou de pé. Seu gesto brusco assustou Érica, que buscou abrigo na estante. — Acabou a discussão, Nicolas. Você está me tratando como se eu estivesse ficando louca. Há sombras por perto, e não estou inventando isso. Marian foi atacada por esse pestinha e passou mal. Até quando viveremos à mercê de forças espirituais inferiores por causa dessa criança? Como lidaremos com tudo isso de maneira que possamos manter o equilíbrio e a paz? Se para você a solução é tapar os olhos e fingir normalidade, isso não funcionará para mim. Não quero essa criança por perto. Tenho rezado para voltar logo a trabalhar somente para vê-la por poucas horas por dia.

— Você é a mãe dele, Miah. Não poderá mudar essa realidade.

— Deve ser uma espécie de castigo. E você, sendo o pai, faça por ele o que me recuso a fazer. Boa sorte! Só tome cuidado para Manoel não tentar estourar seu cérebro.

Miah deu alguns passos em direção ao quarto e, antes de sair da sala, voltou-se para Nicolas acrescentando:

— Ao receber o almoço, pode comer sozinho. Perdi todo o apetite.

Quando se viu sozinho com o bebê, Nicolas estreitou Manoel nos braços. Não amava profundamente o filho, mas não o odiava como Miah. Acariciou os cabelos escuros de Manoel, que agitava os braços e as pernas sem parar.

— É melhor você voltar ao seu berço. Tente não chorar agora, porque o papai precisa trabalhar e sua mamãe está um pouco nervosa. Colabore conosco, por favor.

Logo após, acomodou Manoel no berço. A criança, então, agarrou o pezinho e pareceu entretido contemplando os próprios dedinhos. Nicolas colocou uma canção de ninar para tocar e o deixou sozinho para que pudesse voltar ao trabalho.

Capítulo 13

Nicolas refletiu se deveria entrar no quarto, mas julgou que seria mais prudente deixar Miah sozinha por ora. Seguiu para o escritório, sentou-se à mesa e tirou um papel-cartão branco de uma das gavetas. Logo depois, começou a rascunhar algumas informações.

Ali estavam suas impressões. No alto do papel, estava o nome de Testa e, a seguir, dos suspeitos.

Por que Monstrão, o tatuador, o mataria? Alguma dívida que não fora paga? Isso não parecia ser o caso. Testa tinha muito dinheiro. Será que o funkeiro se envolvera com alguma garota em que Monstrão estava interessado? Era possível, mas a ideia não agradava a Nicolas. Ele o traíra com outro tatuador? Motivo fútil para cometer um crime.

Como Nicolas não enxergara uma razão forte, Monstrão não era um dos principais suspeitos até o momento.

O próximo nome era João, pai de Testa. Teria ele matado o próprio filho somente porque fora abandonado pelo garoto, que decidiu seguir carreira em São Paulo, demonstrando ter se esquecido dele e da mãe acamada? Será que todo o amor que ele jurava sentir pelo rapaz, comprovado pelas fotografias que Nicolas vira, se transformara em ódio apenas porque Rodrigo ganhara fama Brasil afora como MC Testa? Seria necessário extremo sangue-frio para apunhalar o próprio filho.

DJ Tutu fora evasivo em suas declarações. Nicolas desconfiava de que ele participara de alguma música famosa de Testa, mas tivera o nome excluído dos créditos. Teria essa atitude do cantor magoado profundamente o coração do DJ a ponto de levá-lo a ferir mortalmente o coração de Testa? Era uma possibilidade mais convincente do que as anteriores.

Sílvia era a motorista particular de Testa. A moça dizia ter uma filha pequena e, aparentemente, era somente uma profissional bem paga para executar suas funções. Será que Testa fizera algo a ela ou à filha da motorista, despertando nela um ardente desejo de vingança? Valia a pena ficar desempregada, desde que pudesse acertar as contas que tinha em aberto com o MC?

Charlotte tinha todos os motivos para ser a autora do crime. Uma mulher abandonada, traída, exposta publicamente e que alegava estar grávida da vítima. Deveria guardar um ódio surdo dentro de si. Mas por que ela o mataria antes de o bebê nascer? Se o filho realmente fosse dele, Charlotte daria um jeito de arrancar uma bolada do cantor. A menos que o papo sobre a gravidez fosse um blefe para chantagear Testa e participar do *show* do MC no camarote.

Yasmim, por sua vez, não era tão ingênua quanto parecia. A moça soubera das traições de Testa e poderia ter punido o parceiro. Muitas pessoas se tornam extremamente vingativas quando descobrem um adultério. Seria esse o caso? O tamanho do calçado da jovem, contudo, não batia com o do assassino, o que levava Nicolas a pensar em outra possibilidade. Teria Yasmim cometido o crime em conjunto com MC Apocalipse? Assim, ambos sairiam no lucro. Ela se vingaria, e ele herdaria todos os fãs do falecido, abrilhantando ainda mais sua já bem-sucedida carreira. Além do mais, poderiam continuar o relacionamento afetivo, algo que ambos não fizeram questão de esconder de Nicolas. Ele também se recordou das facas tatuadas no braço do MC, embora isso não tivesse, propriamente, ligação direta com a arma do crime.

Por último, havia Lucca, o amigo androide de Testa, que o conhecia desde a infância. Nicolas conseguia imaginá-lo cometendo o crime com uma mão nas costas, mas não via muitas razões para que ele o tivesse feito.

Ainda precisava interrogar Kevin e Patrick. Talvez, nenhuma das pessoas com quem conversara até então fosse a responsável pelo crime. Ou talvez Nicolas já tivesse encarado o assassino diretamente nos olhos, sem saber de fato que ali estava a pessoa que ele buscava.

Com todas aquelas informações traçadas no papel-cartão ficava mais fácil visualizar a investigação como um todo. Pretendia descansar por algumas horas, mas o faria no sofá da sala. Miah não estava a fim de papo, e, se fosse procurá-la, certamente tornariam a discutir. Era necessário estar com os pensamentos tranquilos para conduzir o caso da melhor maneira possível.

O interfone soou; era o porteiro anunciando que o almoço havia chegado. Quando retornou ao apartamento, parou à porta do quarto, bateu de leve e avisou Miah de que a comida havia chegado. Do lado de dentro, ela resmungou que comeria em outro momento. Nicolas decidiu não insistir, sentou-se à mesa da sala e começou a comer.

De repente, ouviu Érica rugir, expelindo um bufar zangado. Nicolas preparou-se para ralhar com a gata, que, mais uma vez, estava implicando gratuitamente com ele apenas porque ambos se detestavam, mas tinham de se aturar pelo bem da humanidade. Entretanto, qual não foi sua surpresa quando a viu no alto da estante, costas arqueadas, pelos arrepiados e cauda eriçada, olhando fixamente para a porta do quarto de Manoel. A gata exibia as presas e tornara a bufar furiosamente.

Nicolas não viu nada, mas sentiu todos os pelos da nuca se arrepiarem. À sua mente, vieram as palavras de Miah sobre os espíritos obsessores. Parou de mastigar a salada e permaneceu imóvel, observando, aguçando todos os seus sentidos apurados de policial treinado. Não havia nada além dos rosnados baixos que Érica continuava soltando.

Hefesto, Dionísio, Afrodite e Ares estavam parados a poucos metros de Érica, que mantinha seus olhos azuis sobre eles. Sentiam vontade de exterminar aquela gata maldita, que podia vê-los. A felina, contudo, não era o objeto de atenção no momento.

— Felizmente, a discussão de nosso querido casal foi suficiente para romper a barreira de proteção deixada por aquela espiritualista idiota — comentou Ares. — Precisamos instigá-los a continuarem brigando, alimentando raiva um do outro. Isso favorecerá nossos planos.

— Eles se amam, e, quando há amor envolvido, as coisas ficam mais difíceis — atalhou Dionísio, olhando Nicolas sentado à mesa.

— Não desta vez — retrucou Hefesto. — Precisamos ser rápidos ou não teremos sucesso. Passamos séculos nos preparando para esse momento, para que o Grande Senhor conseguisse atingir seu objetivo.

— Devo admitir que ele está irreconhecível no corpinho daquele bebê — provocou Afrodite, fazendo os demais rirem.

— É apenas uma fachada, um invólucro que protege algo precioso. Antes de qualquer coisa, não podemos nos esquecer da tal Marian. Ela é a única capaz de desmantelar nossos planos. E estudamos tanto para que não houvesse falhas! — Ares olhou para os parceiros. — Penso que dois de nós devamos nos manter o mais próximo possível daquela mulher. Enquanto isso, os outros dois permanecerão aqui para garantir que Sebastian e Angelique não se reconciliem e para protegerem nosso mestre.

— Dionísio e eu podemos ir até Marian — determinou Afrodite, vendo seu parceiro aquiescer.

— Perfeito. Hefesto e eu continuaremos aqui. E agora, vamos nos mexer, pois há muito a ser feito e em pouco tempo.

***

A pelo menos quatrocentos metros de distância da residência onde a festa acontecia já era possível escutar a música que explodia no ar. Batidas fortes, típicas do *funk*, ecoavam com força. Nicolas dirigia devagar, atento à movimentação. Mike, ao seu lado, não se conteve:

— Será que, com todo esse barulho, conseguiremos nos comunicar com alguém?

— Eles vão abaixar essa música, Mike.

— Duvido que eles façam isso só porque vamos lhes pedir.

— Será uma ordem. — Nicolas sorriu. — E juro que adoraria que ela fosse descumprida.

Todas as luzes da casa, uma verdadeira mansão antiga construída em estilo vitoriano, estavam acesas, tanto em seu interior como do lado externo. Ao parar diante do portão de ferro, construído em uma altura suficiente para impedir que curiosos espiassem o interior da propriedade, os vidros do veículo começaram a vibrar a cada batida da música que vinha lá de dentro.

Patrick Lopes certamente havia usado todo o seu poder financeiro e sua influência para conseguir locar aquela residência em tempo recorde — a menos que aquela festa já estivesse planejada antes mesmo da morte de Testa. Aliás, Nicolas tinha quase certeza de que fora exatamente isso o que havia acontecido. O assassinato não seria impeditivo para que a celebração, a que Lucca nomeara de revoada ou bololô, tivesse início.

Diante do portão, havia dois homens trajados com um uniforme escuro. Um deles veio até o veículo com uma expressão tão sisuda que deixaria Moira com inveja.

— Tem convite? — O sujeito praticamente rosnou, quando Bartole abaixou o vidro.

— Meu convite é esse aqui. — Nicolas esticou o braço e só faltou colocar o distintivo diante do rosto do homem mal-humorado.

— É a polícia?

— Não, é a Chapeuzinho Vermelho e o Lobo Mau. A cesta com os doces que viemos entregar ao senhor Patrick está no banco de trás.

O homem chegou a conferir o assento traseiro, o que fez Mike soltar uma risadinha maldosa.

— Não vejo nada ali — decidiu o segurança.

— É o seguinte, meu caro amigo, nós viemos conversar com Patrick Lopes. Anuncie a mim como o investigador Nicolas Bartole e ao meu parceiro como o policial Mike. E seja breve, porque não temos a noite inteira para ficarmos aqui.

— E por que a polícia desejaria conversar com ele? Reclamaram que a música está alta demais? Nem há residências por perto.

— Não é você quem faz as perguntas. — Cortou Nicolas. — Faça o que lhe pedi antes que minha paciência evapore.

O homem foi até o colega, trocou algumas palavras com ele, que olhou rapidamente para o carro de Nicolas e conversou com alguém pelo celular. Dois minutos depois, estava de volta ao carro.

— O senhor Patrick disse que está muito aborrecido por ser interrompido durante a homenagem ao amigo assassinado. Pediu para voltarem amanhã de manhã.

— Pedido negado. Diga a ele que, se não estiver diante de mim dentro de cinco minutos, festejará atrás das grades nesta noite.

O homem voltou ao celular e dessa vez demorou um pouco mais. Nicolas estava cronometrando o tempo. Três minutos se passaram. Se mais dois transcorrerem sem que obtivesse uma resposta, prenderia Patrick por negar-se a receber a polícia e sob a acusação de obstrução de uma investigação em aberto, além do crime de perturbação do sossego alheio.

Mas não foi necessário adotar medidas mais drásticas. Pouco depois, os portões foram liberados, e Nicolas dirigiu depressa por um caminho de cascalhos, ladeado por arbustos bem aparados.

Ao chegarem à área da piscina, onde havia pelo menos meia dúzia de pessoas mergulhando, Nicolas e Mike saltaram do veículo. A presença de um imenso policial fardado chamou muito a atenção, e logo todos estavam olhando para os recém-chegados.

Nicolas reconheceu alguns rostos familiares. Ali estavam DJ Tutu, Monstrão, Yasmim e MC Apocalipse. O clima era muito diferente de quando os encontrou no período da manhã. Pareciam descontraídos e felizes, como se a morte de Testa não tivesse representado absolutamente nada.

Mulheres com os seios desnudos saíram da piscina e procuraram toalhas para enrolarem-se. Duas delas pareciam ser menores de idade, e alguns dos muitos homens presentes tinham mais de trinta anos. O cheiro de maconha pairava forte no ar.

A música ensurdecedora irritou Nicolas, que murmurou algumas palavras, mas seria impossível escutá-lo. Ele abordou um dos homens mais próximos e perguntou-lhe sobre Patrick Lopes. O sujeito resmungou algumas palavras, que para Nicolas soaram como uma língua estrangeira.

Foi então que um homem elegante, que destoava um pouco dos demais, entrou em cena. Seus cabelos eram volumosos, e os fios grisalhos brindavam-no com um charme adicional. Era alto, musculoso, na faixa dos quarenta anos. Usava um roupão azul-escuro, amarrado na cintura, e trazia um baseado entre os dedos. Caminhava com a elegância e distinção de um renomado empresário.

— Senhor Bartole, como pode ver, estamos celebrando. Foi a maneira que encontramos de espantar a tristeza pela morte do nosso amigo Testa.

— Peço que desligue a música, por favor.

— Ora, não vamos estragar a alegria das pessoas. Nossa conversa pode acontecer amanhã pela manhã, e isso não mudará os fatos. Essa comemoração é importante para todos nós. Testa certamente desejaria algo assim, afinal, ele sempre foi um garoto festivo e extrovertido. Não curtia tristeza de jeito nenhum.

— A música será desligada agora, e espero que não me faça repetir a ordem.

Patrick encarou Nicolas. Dois homens fortes, praticamente da mesma altura, avaliando um ao outro. Após alguns instantes, ele foi até uma das mulheres enroladas nas toalhas e lhe deu um comando. Ela saiu dali, e, segundos depois, o silêncio imperou. Os tímpanos de Nicolas e Mike agradeceram.

— Assim está melhor, senhor investigador? — inquiriu Patrick. Antes que Nicolas implicasse, ele apagou o baseado num copo abandonado.

— Onde podemos conversar sem a presença de testemunhas?

— Lá dentro, na sala de jantar.

— Kevin Tavares está aqui também?

— Sim. Devo chamá-lo?

— Quero falar com vocês dois.

Um homem magro e alto apareceu logo depois. Jogou um olhar desconfiado para Nicolas e outro ainda mais arisco para Mike. Logo depois, os quatro homens estavam na elegante e bem decorada sala da mansão.

— Quando você alugou este imóvel? — questionou Nicolas dirigindo-se a Patrick.

O homem elegante, ainda que só usasse o roupão, revelou um sorriso lindo.

— Na semana passada. A festa já estava programada para acontecer após o *show* de Testa, que me fez jurar que este evento não seria cancelado por nada. É por isso que estamos todos aqui, atendendo a um pedido dele e homenageando-o.

— Que tipo de tributo vocês estão prestando a Testa, quando vemos abertamente homens barbados sexualmente envolvidos com meninas que mal completaram dezesseis anos?

O sorriso de Patrick diminuiu um pouco, mas não o bastante para fazê-lo desaparecer.

— Todas as garotas que convidamos têm mais de dezoito anos.

— Duvido. Mike fará essa conferência daqui a pouco. Sabe quais implicações isso pode lhes acarretar, não é mesmo?

— O que querem conosco, afinal? — interveio Kevin. — Não recebi notícias de que o assassino de Testa foi encontrado.

— Porque isso ainda não aconteceu. Vocês podem nos ajudar respondendo a algumas questões, começando pela seguinte: onde estavam quando Testa foi assassinado? Vocês têm um álibi? Sei que dirão que estavam no camarote e não saíram de lá, no entanto, preciso de algo mais convincente.

— Senhor Bartole, por qual motivo eu mataria minha galinha dos ovos de ouro? — Patrick sorriu após perguntar. — Testa era um dos MCs mais famosos que minha produtora lançou. Suas músicas sempre viralizavam rapidamente em todas as plataformas, o que gerava muito dinheiro para mim. Por que eu faria minha fonte secar?

— E eu fui o responsável por apresentá-lo a Patrick — prosseguiu Kevin. — Testa era um pobre coitado, mas tinha potencial, além de um rosto e um corpo bonitos. Unimos tudo isso, e o resultado foi o que conhecemos. Ele rapidamente alcançou a fama, tornando-se um dos maiores nomes do *funk*. Sentia muito apreço por ele. Então, jamais o mataria.

— Talvez ele o tenha desprezado em algum momento ou dito algo do tipo: "Não preciso mais de você, agora que conquistei a fama".

Nicolas percebeu que acertou o alvo, somente pela maneira como Kevin o fitou. A mágoa era quase palpável em sua face.

— Ele teria o direito de dizer isso se quisesse. — Kevin deu de ombros. — Afinal, ninguém deve gratidão eterna a ninguém.

— Esse desprezo o fez atingi-lo com aquela faca, não é mesmo? Você não aceitou ser passado para trás, Kevin.

— Sua conduta é inadmissível, senhor Bartole. — Patrick levantou-se. — Por favor, peço que você e o outro policial saiam da nossa festa. Já nos tomaram tempo demais. Suas insinuações são baixas e vulgares, típicas de quem está perdido, sem saber qual rumo tomar.

Nicolas não se mexeu nem um centímetro. Apenas para irritar o anfitrião, cruzou as pernas e colocou ambas as mãos sobre elas.

— Este investigador e o outro policial só sairão desta residência quando todas as perguntas forem respondidas. Pode chamar um advogado, naturalmente. Eu aguardo.

— Não chamarei ninguém nem responderei mais nada! — exaltou-se Patrick. — Fiz uma gentileza em recebê-los, já que nem sequer possuem um documento judicial que me obrigue a permitir sua entrada. Kevin e eu, ou qualquer outro dos meus convidados, não seremos colocados contra a parede sob sua pressão, apenas porque quer encontrar a qualquer custo o responsável pela morte de Testa. Não sou nenhum imbecil e conheço todos os meus direitos.

— Muito bem! — Ainda sentado, Nicolas olhou para Mike. — Peça a Elias que envie reforços para cá. Quero várias viaturas, quantas puderem ser disponibilizadas para este endereço. Localize os pais das meninas que estão aqui e os informe do ocorrido. Além de eu ter presenciado práticas sexuais envolvendo menores de idade e identificado a presença de entorpecentes neste recinto, o senhor Patrick não quer dar seguimento ao diálogo com um investigador que só deseja fazer justiça ao grande amigo dele, ou melhor, ao rapaz que foi sua galinha dos ovos de ouro. Acione também a mídia, que está faminta por novidades. Vamos fazer a audiência das emissoras bombar nesta noite.

— Suas ameaças não me impressionam, senhor Bartole — retrucou Patrick, vermelho de tanta raiva.

— Não estou ameaçando-o. Apenas o informei sobre o que está prestes a acontecer.

Movido pela ira, Patrick decidiu agir com as próprias mãos. Deu um salto para frente e direcionou um chute contra a barriga de Nicolas, que se desviou, evitando ser atingido em pleno estômago. Mesmo assim, o golpe fortíssimo acertou-o na costela e empurrou-o para trás.

Mike estava se preparando para entrar em ação, mas Nicolas reagiu mais rápido. Desviando-se do soco direcionado ao seu rosto, o investigador revidou com um direto no nariz de Patrick, que estalou com o impacto. Em seguida, dobrou o joelho e atingiu o dono da produtora no baixo-ventre, o que fez o homem cair com as pernas dobradas no tapete felpudo da sala. Antes que Patrick tivesse tempo de reagir, Mike agarrou seus braços, puxou-os para trás e fechou as algemas em seus pulsos.

— Meu nariz! O desgraçado quebrou a droga do meu nariz! — Patrick gritava a ponto de as veias de seu pescoço ficarem saltadas.

Alguns convidados da festa entraram em disparada na sala para conferirem o que estava acontecendo, mas estacaram ao verem Mike com a arma na mão e Patrick ajoelhado e com as mãos algemadas.

— Mike, solicite com urgência a presença de viaturas aqui — ordenou Nicolas. — Agora! Como se fossem poucas as infrações cometidas por esse engraçadinho, acrescentarei agressão física a um policial em serviço.

— Vá para o inferno, seu maldito! Juro para você que usarei cada centavo do meu dinheiro para acabar com sua carreira e sua vida.

— Continue me ameaçando, e as coisas só ficarão piores para você. — Nicolas, furioso, tirou o rádio das mãos de Mike e entrou na frequência das patrulhas mais próximas, solicitando reforço imediato.

Dez minutos depois, vários policiais entraram na propriedade. Elias também havia comparecido e acompanhou a prisão de Patrick. As meninas, que comprovadamente eram menores de idade, foram levadas sob custódia da polícia até que seus pais fossem buscá-las na delegacia.

Patrick, com o rosto vermelho tingido pelo sangue que escorrera de seu nariz, não se cansava de avisar a todos que seus advogados o tirariam da prisão e que, uma vez em liberdade, a carreira de Nicolas seria extinta.

Infelizmente, o investigador sabia que Patrick realmente não permaneceria preso. Havia alguns repórteres, que pareceram materializar-se do nada e conseguiram registrar sua prisão. Isso seria o suficiente por ora, embora fosse muito pouco diante do que aquele sujeito merecia.

Na delegacia, que ficara muito movimentada com a prisão do empresário, Nicolas fez uma pausa e dirigiu-se ao banheiro. Diante do espelho, levantou a camiseta e não conteve uma careta ao notar o hematoma roxo-escuro na região de suas costelas. A mancha na pele era bem grande, e o local, além de dolorido, estava inchado.

— Era tudo de que eu precisava para finalizar a noite com sucesso — lamentou, procurando conter a raiva que estava sentindo.

Apesar disso, procurou acalmar-se e foi até Elias para acompanhar os desdobramentos referentes à prisão de Patrick Lopes.

Capítulo 14

Kevin entrou na casa que locara na cidade por volta das três horas da manhã. Fora liberado da delegacia havia pouco. Já Patrick, pelo menos até o momento de sua saída, permaneceu recluso. Três advogados que o empresário convocara estavam negociando com o delegado, Nicolas acreditava que a fiança seria paga rapidamente para que o dono da produtora retomasse sua liberdade.

"Bem que aquele investigadorzinho metido à besta mereceu o chute que levou nas costelas. Com sorte, deve estar com algum osso quebrado ou fraturado", pensou Kevin, torcendo para que Nicolas precisasse se afastar por alguns dias só para deixar de ser arrogante. Ele mesmo sentira vontade de esmurrar a cara do investigador, no entanto, ao observar a maneira como Nicolas reagira partindo para cima de Patrick, rejeitou de pronto a ideia de enfrentá-lo fisicamente.

Não via a hora de sair daquele lugar e voltar a São Paulo. Ele alugara por cinco dias aquela residência mobiliada que encontrara na internet, porque desejava ter a privacidade que os hotéis nem sempre lhe ofereciam. Chegara dias antes para o *show* de seu pupilo e pretendia ir embora na manhã seguinte, então a tragédia caiu como uma bomba sobre a cabeça de todos. Testa estava morto. Quem teria cometido tamanha atrocidade?

O celular de Kevin cantarolou uma musiquinha indicando que uma mensagem havia chegado. Um pouco intrigado, leu o teor do texto. Queriam lhe falar sobre o assassinato de Testa? Por que uma pessoa em sã consciência desejaria vê-lo naquele exato momento e com tanta urgência?

Kevin respondeu à mensagem dizendo que estava à disposição e aguardou com muita impaciência. Pouco depois, ouviu o som de um veículo se aproximando e espiou pela janela. Alguém, então, saltou de um táxi e seguiu depressa até sua porta.

— Haja paciência para aturar esse tipo de gente — Kevin resmungou, abrindo a porta para deparar-se com sua visita recém-chegada.

— Podemos conversar aqui dentro? O assunto que tenho a tratar não pode mais esperar.

— Tudo bem, entre. — Kevin cedeu passagem à pessoa e fechou a porta. Então virou-se com curiosidade perguntando: — O que foi que aconteceu? Descobriu algo sobre...

A lâmina, afiada e mortal, atravessou a garganta de Kevin da direita para a esquerda. O sangue jorrou como uma cascata vermelha e cobriu seu pescoço, no momento em que ele tombava para trás. O corpo do rapaz ainda foi contemplado por cerca de dois minutos, apenas porque queriam se certificar de que ele realmente estava morto.

Propositadamente, a porta foi deixada aberta. A brisa fresca da madrugada invadiu a casa, misturando-se ao odor forte de sangue que se espalhava pela sala em abundância.

***

Os peritos constataram, em uma primeira avaliação, que o crime acontecera cerca de trinta minutos antes da chegada de Nicolas. Um vizinho insone estranhou a porta escancarada às três da manhã e foi até a residência para comunicar o fato ao seu ocupante. Mal chegou à soleira, viu um corpo largado no piso da sala. Em estado de choque, telefonou para a polícia e comunicou o ocorrido.

— Por que quiseram eliminá-lo? — perguntou Mike a Nicolas.

— Ou Kevin sabia de alguma informação comprometedora ou isso faz parte de algo maior, o que modifica todas as teorias que eu havia traçado até então. Quero que o telefone dele seja verificado. Quem o matou pode ter avisado de que estava a caminho. Percebo que não há telefone fixo nesta residência, então, o único meio de contato foi o celular da vítima.

— Patrick continua detido. Isso o tira da lista de suspeitos?

— Apesar de eu desejar com toda a força do meu coração que aquele cretino fique atrás das grades por muito tempo, ele é inocente. Não matou Testa e muito menos Kevin. Não é o tipo que sujaria as mãos com crimes violentos e sangrentos. Ele pagaria para alguém fazer o serviço pesado. Só que esse não é o caso também. O assassino agiu por si só. Matou Testa por um motivo que ainda não consegui vislumbrar exatamente. Quanto a Kevin, creio que o objetivo foi outro, embora esteja interligado ao primeiro homicídio.

Uma possibilidade surgiu na mente de Nicolas naquele instante. Uma ideia muito sutil, mas que tomaria forma à medida que ele encaixasse melhor as peças. Esse pensamento o levava a um único suspeito, no entanto, ainda lhe faltavam argumentos e provas para ratificar sua teoria. Decidiu, então, guardar aquela hipótese consigo, pelo menos por enquanto.

Além do corpo e do celular da vítima, nenhuma outra pista importante fora encontrada ali. Não havia sinais de arrombamento na casa, o que indicava que Kevin conhecia o criminoso. Aparentemente, nada fora roubado também. Tudo estava na mais perfeita ordem, já que ele pretendia devolver o imóvel em breve.

— O assassino foi mais impiedoso desta vez — comentou Mike olhando pela última vez o corpo, antes que este fosse ensacado e transferido ao necrotério. — Novamente, o assassino atacou de frente e não deixou a arma do crime aqui para evitar qualquer forma de rastreio. A vítima deveria estar de pé e não teve tempo de se defender.

— Ele age com muito sangue-frio — concordou Nicolas. — Foi necessária muita frieza para eliminar Testa em um local onde havia tantas pessoas. Quanto a Kevin, foi muito mais fácil e menos arriscado. O rapaz estava sozinho, indefeso e despreparado. Se você abre a porta para um amigo ou um conhecido, certamente não espera ser degolado.

— A principal questão aqui é a motivação para cada assassinato. — Mike apertou seu nariz com força, simplesmente porque o odor desagradável de sangue estava realmente incômodo. — Por que Testa? Por que Kevin?

— Os motivos podem ser diferentes, mas os crimes estão relacionados. Testa morreu por uma razão e Kevin por outra, mas ainda assim existe um ponto em comum entre eles.

— O fato de ambos gostarem de *funk*? — apostou Mike.

— A menos que tenhamos um maníaco que deseja exterminar todas as pessoas que apreciam esse gênero musical, descarto esse ponto de vista. — Nicolas sacudiu a cabeça para os lados. Aquilo estava fora de cogitação, ou teriam um criminoso que pretendia dizimar milhares de funkeiros e seus seguidores. — Talvez, analisando o celular de Kevin, tenhamos informações mais interessantes. Acredito que, com base nesse novo corpo, o relatório da doutora Ema favorecerá algumas observações em que estou trabalhando mentalmente. Assim que tiver um escopo mais definido dessa ideia, compartilho com você.

— Tudo bem! — Mike conferiu as horas no relógio de pulso. — Bartole, podemos ir para casa descansar? Teremos mais um dia puxado pela frente, e preciso estar bem para meu casamento. Não quero entrar naquela igreja com olheiras tão escuras que façam as pessoas pensarem que Ariadne se casará com um urso panda.

— Também preciso de algumas horas de sono. Até daqui a pouco!

Quando Nicolas chegou em casa, encontrou tudo às escuras. Passou pela cozinha e deparou-se com um bilhete fixado na porta da geladeira, com a inconfundível caligrafia de Miah.

Se eu estiver dormindo quando você chegar, faça o favor de não me perturbar.

Nicolas foi obrigado a sorrir. Miah continuava brava com ele, talvez até mais do que deveria. De todo modo, estava bem cansado, com a cabeça um pouco dolorida, e tudo o que não desejava àquela hora da madrugada era uma nova discussão acerca de Manoel.

Foi até o banheiro e ficou uns dez minutos sob o chuveiro. O hematoma na região das costelas continuava muito dolorido. Tentou não pensar na dor e seguiu para o quarto de Manoel com uma toalha enrolada na cintura. Acendeu a luz e foi até o berço. A criança dormia tranquilamente. Nicolas pensou que poderia pegá-lo no colo, beijá-lo, fazer algum carinho em sua cabeça, mas por que não sentia a menor vontade de realizar qualquer gesto assim? No fim das contas, ele não agia muito diferente de Miah com relação ao filho. Então, por que a criticara tanto, se estava se saindo pior que ela?

Decidiu que o melhor seria deitar-se. Entrou em seu quarto e acendeu a lâmpada apenas para procurar uma cueca na gaveta do guarda-roupa. Miah resmungou, virou-se na cama e o viu. Seus olhos cor de mel automaticamente se fixaram no largo sinal roxo na lateral do corpo do marido.

Sem fazer nenhuma pergunta e sem lhe dirigir uma palavra, Miah levantou-se e saiu do quarto.

Voltou em seguida com uma caixinha de primeiros-socorros. Evitava olhar para o rosto de Nicolas, que estava sorrindo.

Com gestos irritados, ela separou uma pomada analgésica, álcool, gaze, esparadrapo e ataduras. Limpou a área machucada com o álcool, secou-a com uma gaze e depois espalhou a pomada. Deixou a mão mais leve ao ouvi-lo gemer baixinho. Em seguida, começou a separar um pedaço grande de atadura, o que provocou um comentário sarcástico de Nicolas.

— Você precisa deixar o ferimento arejado para que possa sarar mais depressa.

— Ah, vê se não me enche — ela retrucou, sem olhá-lo diretamente no rosto.

Mas, apesar disso, deixou as ataduras de lado. O hematoma estava bem feio, e ele deveria estar sentindo muita dor. Mordeu a língua de raiva de si mesma, mas não resistiu a perguntar:

— O que aconteceu?

— Olhe para mim.

— Não quero!

— Ordem de um investigador policial.

— Você não manda em mim.

— Mando, sim. Quer ver? — Rapidamente, Nicolas agarrou Miah pelo queixo e a fez erguer a cabeça. Sem lhe dar tempo de reagir, ele a beijou com ardor nos lábios, prendendo-a junto de si pela nuca.

Miah sentiu uma corrente fervente espalhar-se por suas veias. Envolvida pela sedução dos lábios quentes de Nicolas, ela esticou as mãos e arrancou-lhe a toalha da cintura. Sem parar de beijá-la, ele a conduziu devagar até a cama e deitou-se sobre ela. Miah correspondia a cada movimento que o marido fazia, enquanto Nicolas despia a camisola fina e curta que ela vestia.

Em algum momento, enquanto se amavam, Miah tocou por descuido no hematoma no corpo de Nicolas, ouviu-o suspirar, mas não teve certeza se era pela dor ou pelo prazer do momento.

Quando terminaram, Nicolas deixou-se cair ao lado de Miah.

— Tudo isso era saudade? — ele perguntou somente para zangá-la.

— Foi você quem começou. Deixei avisado que não gostaria de ser incomodada.

— Não tenho culpa se não resistiu ao charme do seu marido ferido.

Ele riu quando a viu sorrir. Como sabia que Nicolas estava aguardando que ela perguntasse sobre o hematoma, Miah foi direto ao ponto:

— Quem o feriu assim?

— O dono da produtora. Ele estava dando uma festa regada à bebida e a sexo com menores de idade. Talvez ele também tenha deixado um bilhete pedindo para não ser incomodado, porque só isso justifica tanta revolta.

— Você o prendeu?

— A essa altura, ele já deve estar solto. Prometeu que vai acabar com minha carreira. Nem mesmo se eu trabalhasse até os noventa anos, juntaria a grana que aquele sujeito deve ter.

— Deixe-o tentar! Quanto ao hematoma, daqui a alguns dias desaparecerá.

— Quando um policial tem uma médica em casa, ele não precisa dos cuidados de Enzo.

O marido de Marian, Enzo Motta, era médico, e sua função era prestar atendimento e socorro a policiais feridos em serviço. Nicolas já precisara dos serviços do cunhado mais de uma vez e estava habituado a sofrer ataques físicos de criminosos. Às vezes, conseguiam acertá-lo de jeito, então era preciso buscar ajuda médica.

— Como ele está? — perguntou Miah.

Nicolas sabia que ela não estava se referindo a Enzo e limitou-se a responder:

— Dormindo. Preferi deixá-lo quieto.

Como Miah ficou calada, Nicolas continuou:

— Acho que preciso me desculpar com você. Eu realmente não tenho ideia da barra que está segurando tendo de lidar com uma criança por quem não nutre nenhuma simpatia. Pior fica quando essa criança veio de seu ventre.

— Não sinto remorso por não gostar dele. Não o quero por perto, mas, como não tenho opção, sou obrigada a aturá-lo.

— É... até porque eu não concordaria em colocá-lo para adoção. Vai contra todos os meus princípios. Seria o mesmo que abandonarmos a criança.

Mais uma vez, Miah permaneceu em silêncio e, antes que eles se desentendessem novamente, achou melhor encerrar o papo por ali.

— Vamos tentar dormir.

— O assassino agiu novamente — murmurou Nicolas fechando os olhos. — No fundo de minha mente, bem lá no fundo, acho que sei quem é o responsável. Só não consigo imaginar a razão pela qual o assassino cometeu dois crimes num intervalo tão curto.

— Quem ele matou?

— O cara que descobriu Testa e o tornou famoso. Kevin foi degolado dentro da casa alugada onde estava passando alguns dias.

— E de quem você suspeita?

— Muito sangue... — resmungou Nicolas, praticamente dormindo.

Miah contemplou Nicolas no escuro e acariciou o lindo rosto do marido. Ele ficava tão focado em uma investigação que pensava nisso até quando adormecia. Não se desligava enquanto não prendia o criminoso, por isso, mostrava-se tão exausto ao buscar pistas para fechar o caso.

Ela beijou a testa dele com carinho. Depois, apoiou a cabeça no peito de Nicolas e se rendeu ao sono também.

Capítulo 15

— Eles fizeram as pazes — comentou Hefesto, incrédulo com a rapidez com que Nicolas e Miah haviam acertado os ponteiros do relacionamento.

— Você achou que seria tão simples assim? Uma discussão tola por conta de Dipak e eles se separariam de vez? — Ares entrecruzou as mãos. — Precisamos causar uma situação em que eles sintam raiva um do outro. Só não sei como faremos isso.

— Estudamos muito sobre manipulação de energias.

— Não vai funcionar com eles, Hefesto. O amor que os une atravessou muitos séculos. Por mais preparados que nós estejamos, não somos páreo para enfrentar esse sentimento idiota. Se ao menos o Grande Senhor pudesse nos orientar...

— Será meio difícil, já que ele fica soltando murmúrios bobos e babando de vez em quando.

— Talvez haja um jeito. — Os olhos de Ares cintilaram de empolgação com a nova ideia.

— Precisaremos do auxílio de Afrodite e de Dionísio. Quando nós quatro nos reunirmos de novo, podemos tentar desdobrá-lo do corpo físico. A questão é que a consciência dele precisa estar funcionando para que possa ter discernimento ao lidar com o assunto. Caso contrário, agirá como um bebezinho chato e irritante.

— Não custa tentar — concordou Hefesto. — Todas as tentativas são bem-vindas, desde que possamos agir em favor do nosso mestre.

***

O cemitério local estava apinhado de pessoas. Houve a necessidade de fiscalizar o acesso pelos dois portões para evitar o excesso de lotação, porque as alamedas já estavam povoadas de fãs, jornalistas e amigos de Testa. O velório do MC, seguido do enterro que aconteceria no mesmo lugar, tornara-se um evento.

Uma fila imensa estendia-se por entre os túmulos como uma longa serpente. Algumas pessoas choravam, enquanto outras portavam celulares na esperança de fotografar algum famoso. *Flashes* pipocavam aqui e ali. Alguém que certamente não tinha respeito nem noção levara uma caixinha de som ao cemitério e a mantinha ligada no último volume, tocando uma das músicas mais conhecidas de MC Testa.

Quando se aproximou do caixão, Nicolas, mais uma vez, viu rostos conhecidos. Yasmim chorava abraçada a MC Apocalipse. A imprensa não perdoava e fazia vários registros dos dois naquele gesto mais íntimo, muito embora eles não parecessem preocupados com isso. Monstrão, com seus *dreadlocks* grossos, trocava algumas palavras com DJ Tutu, que olhava para o caixão com expressão de pesar estampada na face.

Sílvia e Charlotte estavam do lado oposto e também choravam. Nicolas identificou a pálida figura de Lucca. O rapaz usava óculos escuros e vestia-se todo de preto. Não era possível concluir se ele estava chorando nem para qual direção olhava. Estava ali, isolado dos demais, movendo-se pouco e mantendo-se em silêncio.

João, o pai do MC falecido, era a imagem da derrota. Para piorar o quadro, ele levara a esposa, que estava sentada em uma cadeira de rodas e fitava o vazio com olhos inexpressivos. Mesmo a distância, Nicolas observou que as mãos do senhor tremiam muito, conforme as movimentava. Ele parecia ter envelhecido alguns anos de um dia para o outro.

Para completar o grupo, Patrick, com sua presença imponente, surgiu na multidão. Nicolas não ficou surpreso ao vê-lo ali, pois já deduzia que ele recuperara sua liberdade. Mesmo assim, experimentou um prazer genuíno ao notar que o nariz do empresário estava envolto em gazes e ataduras, da mesma forma que ele próprio estaria se Miah tivesse lhe feito os curativos.

Qual daquelas pessoas teria matado Testa e Kevin? Qual delas fora corajosa o suficiente para enfiar uma faca no coração de um homem e degolar outro um dia depois? Quem ali estava fingindo tristeza e sofrimento, quando, intimamente, estava se regozijando por ter seus planos bem-sucedidos? Qual daquelas nove pessoas estava interpretando um personagem, mostrando ao mundo lágrimas de desgosto, ao passo que o coração cantava ao sabor da vitória e da satisfação?

Aquela teoria, que era um embrião ainda, retornou à mente de Nicolas. Ele olhou fixamente para a pessoa de quem suspeitava e decidiu observar seus movimentos com mais atenção, enquanto o enterro não fosse concluído.

Foi então que ele percebeu gritos femininos em um tom alterado misturarem-se às vozes masculinas. Charlotte acabava de estalar uma bofetada no rosto de Yasmim, que não aceitou o desaforo e revidou com outro tapa, na mesma proporção. Em seguida, as duas se atracaram e caíram no chão, trocando pancadas e puxões de cabelo a poucos metros do caixão que abrigava o corpo do cantor.

Dois seguranças do cemitério se aproximaram para apartar a confusão, mas foram repelidos como um graveto em meio a um furacão.

Impaciente, Nicolas foi até as mulheres e afastou-as bruscamente.

— O que significa essa palhaçada? — inquiriu.

Apocalipse correu até Yasmim e voltou a abraçá-la. Parte dos seus cabelos loiros estava no chão, pois o aplique havia sido arrancado pelas mãos furiosas de Charlotte. Por outro lado, a ex-namorada de Testa perdera uma das lentes de contato, mostrando um olho verde e outro castanho-escuro. Ambas estavam arranhadas e com machucados espalhados pelo rosto e pescoço.

— Ela se acha melhor do que eu. — Charlotte apontou para Yasmim. — Nem o cemitério ela respeita. Ficou me provocando desde que cheguei aqui.

— Sua mentirosa! — bradou Yasmim. — Você que não se conformou com o fato de ter sido abandonada por ele. Foi comigo que Testa esteve até seu último dia.

Os repórteres não perdiam nenhum detalhe. Os fãs filmavam e fotografavam a cena. Alguns, inclusive, iniciaram transmissões ao vivo em suas redes sociais para, em tempo real, informar os amigos sobre o que estava acontecendo ali. O enterro, que por si só já se tornara uma atração importante, ganhava agora cenas cinematográficas com a briga das duas mulheres.

Elas foram contidas e levadas para direções diferentes. Nicolas notou que Lucca havia tirado os óculos escuros e o fitava sem piscar. Ele não parecia nem um pouco abalado pela confusão de minutos atrás. Não havia nenhuma alteração em sua face, que realmente se assemelhava à de um androide ou de algum ser movido à inteligência artificial.

Monstrão foi até Nicolas praticamente gingando, enquanto suas dezenas de tatuagens reluziam ao sol.

— Ah, cara, ainda não acredito que isso aconteceu. Nunca vou me esquecer desse moleque. Ele era tudo para mim.

— Onde você estava hoje de madrugada, entre meia-noite e três da manhã?

— Estava na casa que aluguei, fumando minha maconha, sem incomodar ninguém. Perdi o sono, porque sabia que, hoje de manhã, meu parceiro iria para debaixo da terra. Mano, ele estava vivo anteontem e agora jaz naquele caixão.

— Você saiu ou contatou alguém?

— Pensei em chamar alguma garota para me fazer companhia, mas estava mesmo querendo ficar sozinho. A morte dele está doendo bem aqui. — Monstrão massageou o peito. — Meu coração nem está batendo muito bem.

— Talvez você deva procurar um cardiologista. Onde está Kevin Tavares?

— Eu o procurei, mas não sei por que não veio ao enterro. Tutu e Apocalipse me falaram que tentaram ligar para ele, mas só caía na caixa postal. Ah, cara, tudo isso parece um pesadelo sem fim.

Ele jogou os *dreadlocks* por cima dos ombros e afastou-se, mantendo a cabeça baixa e os ombros, curvados. Nicolas percebeu que Patrick o fitava e soltava chispas de fúria pelo olhar. Imaginou que pudesse ser abordado pelo sujeito a qualquer momento e, se acontecesse, já estava pronto para isso.

Desviou o olhar e ficou um pouco incomodado. Lucca continuava encarando-o com tanta fixação que nem piscava. Disposto a dar um basta naquilo, Nicolas aproximou-se dele.

— Você quer falar comigo? Está me olhando com bastante intensidade.

— Testa era meu único amigo. Depois que ele se tornou funkeiro e alcançou o estrelato, nós perdemos um pouco o contato. Todavia, ainda assim, eu o considerava o meu único e melhor amigo.

— Posso imaginar. Onde esteve durante essa madrugada?

— Dormindo.

Nicolas se deu conta de que Lucca e Tutu eram os dois únicos suspeitos que ele não visitara em casas ou hotéis. Mike conseguira a localização de ambos, mas eles o procuraram na delegacia, e não o contrário.

— Pode confirmar o álibi?

— Aconteceu mais alguma coisa com alguém? Porque, até onde sei, Rodrigo morreu anteontem, e não na madrugada de hoje.

— Responda à minha pergunta, e ganharemos tempo.

— Estou em uma pousada, que deve ter câmeras de monitoramento. Elas vão comprovar que entrei no meu quarto ontem à noite e não saí até hoje de manhã, quando vim para cá.

— Você nasceu e foi criado nesta cidade. Suponho que tenha familiares, parentes ou amigos aqui. Por que decidiu isolar-se em uma pousada, quando poderia ter se hospedado na casa de algum deles?

— Prefiro minha privacidade. — Os olhos escuros e desprovidos de emoção finalmente piscaram. — E, como lhe disse, não tenho amigos, a não ser o que está dentro daquele caixão.

Lucca fez um aceno com a cabeça e afastou-se. Era frio, estranho e pouco comunicativo. Se Nicolas pudesse escolher o responsável pelos crimes usando como base o perfil, aquele rapaz seria o suspeito número um.

João vinha na direção de Nicolas empurrando a cadeira de rodas com a esposa. Apertou a mão do investigador e secou uma lágrima teimosa que insistia em escorrer por seu rosto muito enrugado.

— Nem mesmo o enterro de meu único filho foi respeitado. Aquelas mulheres brigaram como se estivessem no quintal da casa delas. Os repórteres já tentaram me abordar para fazerem todos os tipos de perguntas. Nem mesmo Gina foi poupada.

Nicolas baixou o olhar para a mulher na cadeira, que exibia um olhar vitrificado, fixo em um lugar qualquer.

— É assim que tudo se acaba. — A voz de João vacilou e um nó se formou em sua garganta. — Rodrigo, o menino que tanto amei, será enterrado na cidade em que nasceu. Morto em tenra idade por alguém que ainda não foi identificado.

— Até o momento, sim, mas lhe garanto que prenderei o criminoso.

— Minha família se acabou, senhor Bartole. Gina, infelizmente, é isso que o senhor está vendo. Praticamente vegeta na cama ou na cadeira de rodas. Nem mesmo sei por que a trouxe, pois ela nem sabe o que está acontecendo. Seu intelecto não funciona mais. Rodrigo já havia partido, mas sempre mantive a esperança de que ele retornasse para casa.

— Mesmo sendo um MC famoso, o senhor imaginou que ele voltaria para casa?

— Já falei que meu filho era Rodrigo e não alguém chamado Testa. Que apelido horroroso! — João colocou a mão no bolso da calça e tirou uma fotografia pequena da carteira. Nela, Testa, com cerca de dez anos, fora fotografado em pleno ar durante um salto do sofá para o chão. — Esse é meu menino que tanto amo e é assim que sempre me lembrarei dele.

— Meus sentimentos. — Nicolas abraçou-o.

João agradeceu e voltou-se para o caixão, que finalmente seria enterrado.

Houve aplausos quando tudo terminou. João atirou uma rosa branca sobre o caixão e foi ovacionado. Ele chorava abertamente agora, assim como muitas outras pessoas. Yasmim e Charlotte também pareciam emocionadas, mas, de vez em quando, trocavam olhares rancorosos. Sílvia, Tutu, Monstrão, Patrick e Apocalipse pareciam bastante abalados. Apenas Lucca não esboçava nenhum sentimento.

Era hora de procurar a doutora Ema novamente para verificar quais eram suas observações sobre a morte de Kevin. Nicolas rezou para que ela tivesse novas pistas para lhe passar.

Antes de deixar o cemitério, olhou uma última vez para o grupo, perpassando seus olhos por cada pessoa que estivera naquele camarote.

E, como se tivesse um estalo, aquela ideia esmaecida que vinha alimentando finalmente ganhou corpo. Como não pensara nisso sob aquele viés? Se seu palpite estivesse certo, aliado ao seu instinto quase infalível, já sabia quem era o assassino que estava procurando. Agora, só precisava de provas para efetuar a prisão.

Capítulo 16

Marian despediu-se de Enzo com um beijo nos lábios. Assim que o marido saiu a caminho do hospital, ela foi até o ateliê que montara no apartamento, colocou uma tela em branco sobre um cavalete, conferiu as cores na paleta e os diferentes tipos de pincéis que tinha à disposição, e, por fim, fez uma oração.

Ao reabrir os olhos, permaneceu encarando a tela branca. Não estava concentrada e, provavelmente, nem preparada para receber alguma inspiração do mundo espiritual naquele momento. Ela nunca forçava nem insistia, quando sabia que não era a hora certa. Respeitava o tempo da espiritualidade, que nem sempre era quando ela desejava.

De repente, a tela caiu para trás, sem que houvesse qualquer corrente de vento. Marian sentiu uma energia muito ruim envolvendo-a. Imediatamente, soube que havia espíritos inferiores no apartamento. Mesmo sem enxergá-los, deduziu que fossem os mesmos que estavam na residência de Miah e que agora foram atrás dela.

Ela sentou-se em uma cadeira, fechou os olhos e procurou manter a respiração serena. Em voz baixa, começou a falar:

— A Centelha Divina vive dentro de mim. A presença do Deus vivo habita em meu interior. Sua presença me fortalece, ampara e sustenta. Sua força é minha bússola e meu escudo protetor. Seu amor se converte na fé que alimento e na crença que mantenho no poder da vida e do bem. Só o bem faz bem. Apenas o bem tem permissão de entrar em minha casa, em meu santuário, em meu recanto. Apenas a luz faz morada em meu lar, em minha vida. Deus em mim expande minha consciência, amplia minha lucidez, aumenta meus conhecimentos. Nada que seja diferente disso tem acesso a mim ou àqueles que amo. Nenhuma força contrária, nenhum poder obscuro, conseguirá me atingir. Deus é vivo dentro de mim. Sinto Sua presença pulsante em meu ser. Meu coração bate em compasso com Sua presença. O amor divino flui em abundância em meu espírito. Proteja-me, Senhor, de tudo aquilo que tentar fazer mal a mim ou às pessoas de minha família. Que as bênçãos sejam constantes na vida de todos nós. Que a harmonia se instale, que o equilíbrio se mantenha, que a alegria seja o combustível diário que nos alimenta. E que o amor, força soberana da natureza e a mais pura representação de Deus, reine neste lar. Repudio as sombras e lanço luz sobre as trevas. É nisso que acredito, é isso que desejo, é isso que declaro, então, assim será.

Marian estava toda arrepiada, pois as palavras simplesmente haviam brotado de seus lábios, sem que tivesse controle sobre elas. Imediatamente, sentiu que o ambiente estava mais leve e agradável.

Colocou o cavalete de pé, ajeitou a tela no lugar e, desta vez, começou a pintar sem nenhuma ocorrência.

Os espíritos de Afrodite e Dionísio estavam estirados na calçada do prédio de Marian, rentes ao meio-fio. Estavam tão fracos que não conseguiam sequer levantar-se dali. Desde que haviam desencarnado, séculos atrás, nunca enfrentaram uma força opositora tão poderosa quanto aquela. Se eles se autointitulavam Feiticeiros das Sombras, então não havia a menor dúvida de que aquela mulher era uma Feiticeira da Luz.

— Não consigo me levantar — disse Dionísio com voz apagada. — Mal consigo me mexer.

— Estou tonta demais. — Afrodite sentiu forte vertigem, algo que nunca experimentara desde que passou a viver no astral. — Ela quase nos fez experimentar uma segunda morte. Que mulher é essa?

— Começo a refletir se foi uma boa ideia vir até aqui. — Dionísio apoiou as mãos no chão para se erguer, mas tudo rodopiou, fazendo-o cair de cara na calçada. Se seu corpo não fosse imaterial, teria machucado bastante o rosto.

— Não conseguiremos atingi-la, Dionísio. E penso se teremos chance contra Sebastian e Angelique. Imagine se a bruxa mais poderosa que já existiu proferir sua magia contra nós. Seremos reduzidos a pó ou até perderemos a consciência de nossa forma humana. É ainda possível que nos transformemos naqueles espíritos que vivem em formato ovalado, como se estivessem dentro de um casulo.

— São os espíritos ovoides. Aqueles ali realmente morreram pela segunda vez. Precisamos chegar até Ares e Hefesto e lhes contar o que aconteceu. Vamos nos apoiar um no outro, Afrodite. Não sei se conseguiremos volitar até eles, pois estou muito fraco.

Os dois se abraçaram e, com muito sacrifício, conseguiram ficar de pé, apoiando-se. Olharam para o prédio em que Marian morava e sentiram um novo torpor. Decidiram que era melhor saírem logo dali, antes que aquela feiticeira os prejudicasse ainda mais.

***

Uma das qualidades que Nicolas mais admirava em Ema Linhares era que a médica legista nunca o deixava sem respostas. Dessa vez, ela não o recebeu na sua sala de trabalho, que era o espaço onde os cadáveres ficavam. Em vez disso, aguardava Nicolas em um escritório que ele nunca vira.

Vê-la sentada diante de um computador era ainda mais estranho do que observá-la fazendo uma incisão no peito de um cadáver.

— Seu assassino gosta mesmo de usar lâminas afiadas para tirar as pessoas de seu caminho. Mesmo que, desta vez, não tenha deixado a arma no local, ele utilizou-se de uma faca muito semelhante à primeira, a julgar pelo formato do corte. Mais uma vez, agiu sem hesitação. A trajetória que a lâmina percorreu a garganta da vítima sugere que seu agressor era canhoto.

— Que nos leva a crer que se trata do mesmo assassino.

— Sim, mas não é tudo. Deslizar a lâmina pela pele de uma pessoa até matá-la acaba deixando rastros. A trajetória que a faca percorreu me faz pensar que o criminoso tem a mesma estatura que a vítima. Se fosse uma pessoa mais alta ou mais baixa, o ângulo do golpe certamente seria diferente.

A mente de Nicolas começou a trabalhar a todo vapor, revisando mentalmente a estatura de cada um dos suspeitos. Vira Kevin vivo apenas uma vez, mas estava tentando lembrar-se de quem teria a mesma altura que o rapaz.

Novamente, seu palpite estava certo. Só podia ser "aquela pessoa".

— Me dê algo mais, doutora. Além do pé número 39 e do fato de estarmos falando de uma pessoa canhota, uma mulher poderia ter feito isso?

— Com certeza, pois não foi necessária muita força física para cortar a garganta da vítima. Um pouco de firmeza nas mãos e muita raiva no coração são elementos mais do que suficientes.

E foi com essas últimas palavras de Ema na cabeça que Nicolas deixou o necrotério. Pouco depois, atendeu ao chamado de Elias.

— Por favor, diga-me que tem novidades.

— O celular da vítima foi desbloqueado. Ele recebeu uma mensagem de texto do assassino, que dizia querer conversar com ele àquele horário.

O coração de Nicolas pareceu parar de bater.

— Qual é o nome do contato?

— Número não cadastrado. E não há foto no perfil. Já solicitei à operadora informações sobre o CPF cadastrado nesse telefone.

— Kevin era amigo de boa parte dos suspeitos e provavelmente teria seus números cadastrados, porém, o senhor João me contou que Testa trocava de número frequentemente. Se os demais também têm o mesmo costume, essa informação não vai resolver muita coisa.

— Vamos descobrir isso ainda hoje, Bartole. Pode ter certeza de que você está muito perto de efetuar uma prisão.

— Deus o ouça, Elias!

***

Miah estava em um lugar que, por tradição e fé, levava as pessoas a acreditarem que era o melhor local para serem ouvidas por Deus. Um pouco afastada do centro da cidade, a pequena igreja católica havia sido escolhida pelos noivos para celebrar os dois casamentos que aconteceriam em menos de quarenta e oito horas.

Ela estava acompanhada por Thierry, que já havia conversado com o padre que celebraria os matrimônios. Ele e uma equipe que costumava contratar para ocasiões semelhantes retornariam à igreja no dia seguinte para decorarem o recinto com flores coloridas, conforme pedido de Ariadne.

— Será tudo perfeito, amiguinha. — Thierry deu alguns pulinhos e, notando que havia falado alto demais, sussurrou: — Moira e Ariadne vão brilhar como estrelas. Minhas flores espalharão seu suave perfume por toda a igreja. Ah, meus olhinhos estão pingando lágrimas emocionadas! Não posso contê-las.

— Elas, assim como Willian e Mike, merecem. — Miah admirou as imagens dos santos sobre pilastras douradas. — Recordo-me de quando passei por isso. Meu casamento com Nicolas foi o dia mais emocionante de minha vida, independentemente daquela história do buquê bombástico.

Thierry soltou uma gargalhada, mas tapou a boca rapidamente.

— Miah, com quem deixou seu anjinho?

— A mãe de Mike cuidará dele. Graças a Deus minha licença-maternidade está terminando. Hoje, telefonei para ela e lhe pedi que ficasse um pouco com Manoel para que eu pudesse vir até aqui com você. Assim, ela aproveita para treinar um pouco, antes de começar a cuidar dele de fato.

— Amiga, sabe que, às vezes, tenho a nítida impressão de que você não simpatiza muito com seu *baby*. Ele é tão bonitinho!

— Quem vê cara não vê coração!

Thierry ia retrucar quando uma voz feminina se fez ouvir na entrada da igreja. Ao olhar naquela direção, Miah revirou os olhos.

Lourdes Bartole veio caminhando depressa pelo corredor principal da igreja. Usava um vestido listrado amarelo e laranja e calçava sapatos sem salto num tom alaranjado. Pedras com formato de gotas faziam parte do colar que ela usava em duas voltas em torno do pescoço. Seus cabelos, tingidos num tom que variava entre louro e castanho, estavam jogados sobre os ombros.

— Thierry, meu amor, como é bom vê-lo! — Beijou ambas as bochechas do florista. — Desculpe-me pelo atraso, mas, quando você comentou que viria à igreja para acertar os últimos detalhes com o padre, pensei que não poderia ficar de fora. Afinal, meus dois filhinhos vão se casar no mesmo dia. Meus caçulinhas. Sabe o que isso significa para uma mãe, não é verdade?

— E qual é a sua preocupação, Lulu, se estou no comando dessa parte? Nenhum detalhe escapará de mim. Se eu lhe disse que será perfeito, então é a perfeição que você deve esperar.

Como se somente visse Miah naquele momento, Lourdes a olhou de cima a baixo, fez um muxoxo e voltou-se para Thierry.

— Marian casou-se com um médico em um evento inesquecível, e agora meus amores mais novos farão o mesmo. Ah, quem diria que Willian e Ariadne finalmente se amarrariam em laços matrimoniais às pessoas com quem escolheram viver? Quem sabe um dia eu também seja escolhida por um homem que me ame? — Lourdes sorriu para Thierry. — Olha que posso ser enlaçada a qualquer tempo.

— Para isso, basta que participe de um rodeio — comentou Miah sarcástica.

— Engraçado, Thierry — tornou Lourdes —, sempre ouvi dizer que coisas ruins não tinham acesso à casa do Senhor. Sendo assim, o que esse capeta magricelo faz aqui dentro?

— O mesmo que você. Vim acompanhar Thierry, afinal, meus amigos se casarão no sábado.

— Sou a mãe dos noivos e tenho prioridade. Pode esperar lá fora porque... — Lourdes parou, olhou ao redor e fixou o rosto de Miah. — Onde está meu neto?

Miah pegou o celular e fingiu pesquisar alguma coisa.

— Deixe-me consultar aqui no Google se lhe devo alguma satisfação.

— Não me diga que deixou a criança sozinha! Sei que você é desnaturada, mas não imaginei que chegasse a tanto.

— Ele está sob a responsabilidade da pessoa que cuidará dele, pois voltarei a trabalhar. — Miah mostrou-lhe os dentes num sorriso. — Ao contrário de você, que passa o dia inteiro cuidando da vida alheia, tenho um emprego que amo muito e ocupa muitas horas do meu dia.

— Sabe, Thierry, pergunto diariamente a Deus por que Nicolas foi se interessar por esse saco de ossos. Com tanta mulher bonita que há por aí...

— Porque ele procurava em uma esposa o que a mãe nunca teve: beleza, charme e bom senso.

— Meninas, por favor, não podem discutir em um templo sagrado. — Thierry uniu as mãos, como se estivesse em prece, implorando para que elas se comportassem.

— Ouça bem uma coisa, sua repórter de quinta! — Lourdes apontou um dedo roliço para o rosto de Miah. — De hoje em diante, manterei meus olhos muito abertos sobre você, pois estou desconfiada de que não dá ao meu neto a atenção de que ele necessita.

— Seus olhos já são muito abertos, tanto que seu rosto me lembra o de uma coruja moribunda. E já que está tão preocupada com Manoel, por que não o leva para passar uma temporada em sua casa? Willian e Ariadne morarão, respectivamente, com Moira e Mike, sendo assim, você se sentirá sozinha e abandonada. Já ouviu falar da Síndrome do Ninho Vazio?

— Viu, Thierry? Ela quer se livrar do próprio filho. Onde Nicolas foi amarrar o burro?

— Todo neto tem o direito de passar um tempo na casa dos avós, portanto, querida sogrinha, o bebê é todo seu. E agora eu vou embora, porque sou uma pessoa ocupada.

Miah acenou para Thierry e assoprou um beijo para a sogra, que a fulminou com o olhar.

Depois que ela saiu da igreja, Lourdes não se conteve:

— Um dia, essa mulher e eu ainda vamos trocar uns tapas.

— Lulu, acalme-se. Não se esqueça de que estamos dentro de uma igreja.

Lourdes fez o sinal da cruz, mas, ao olhar para a porta uma última vez, não conteve uma careta de raiva enquanto via Miah se afastar.

Capítulo 17

Algumas pessoas exalavam poder pelos poros naturalmente, e Alain era assim. Isso não se devia apenas ao fato de ele comandar uma corporação policial nem de que seus olhos, afiados como navalhas e que já haviam visto muitas coisas ao longo de vários anos naquela profissão, pareciam atravessar quem o fitasse. Alain era um homem elegante, dono de uma postura quase majestosa. Usava os cabelos penteados para trás e nenhum fio estava fora do lugar.

Ele havia convocado uma reunião da mesma forma de sempre: às pressas. Raramente reunia suas equipes através de chamadas de vídeo, pois dizia que nada substituía a relevância dos encontros presenciais. Queria uma atualização sobre o caso, que ganhava cada vez mais espaço nos tabloides e jornais televisivos.

Na sala, além dele, estavam Nicolas, Elias, Mike e Moira. Era Bartole quem narrava os últimos fatos, incluindo o assassinato de Kevin.

— Há nove suspeitos, e tenho todos os motivos para acreditar que o criminoso seja um deles e não alguém de fora. Não poderemos mantê-los na cidade por muito mais tempo. Quase todos são ricos e usarão a grana para tentar obter privilégios. Por outro lado, um assassino que elimina duas pessoas em vinte e quatro horas precisa ser detido urgentemente.

— Concordo! Aquele MC era tão famoso que o próprio secretário de segurança dará uma entrevista sobre o andamento da investigação. Bartole, essa não é a primeira vez que você é colocado sob holofotes por causa de um crime, mas, desta vez, todos os olhos estão voltados para sua direção. É necessário agir com rapidez para dar uma resposta ao país inteiro.

Nicolas assentiu, pois era exatamente o que desejava fazer.

— Anos atrás, outro MC famoso foi assassinado diante de seu público, enquanto se apresentava. O caso nunca foi solucionado. Não queremos que a mesma coisa ocorra desta vez, Bartole. E se somarmos à urgência da situação o fato de termos uma segunda vítima, a prisão precisa acontecer o mais depressa possível.

— Esse é meu objetivo e o de minha equipe, senhor. Não descansarei enquanto não concluir com êxito nosso trabalho.

— Confio nisso. — Alain pareceu se recordar de algo e acrescentou: — O investigador Evaristo Duarte entrou em contato comigo hoje pela manhã para me informar que está à disposição para assumir o caso. Repetiu toda aquela ladainha e, como sempre, criticou seu trabalho. Como já estou acostumado à postura dele, a qual avalio como sendo extremamente antiética, fiz questão de informá-lo de que, enquanto eu tomar as decisões, você se manterá no comando ao lado de Elias.

— Obrigado pela confiança, senhor — agradeceu Nicolas.

— Isso é tudo. — Alain cumprimentou a todos e fez menção de sair. Quando já estava próximo da porta, virou-se para trás e fitou Mike e Moira. — Desejo toda a sorte do mundo a vocês. Que essa nova jornada ao lado das pessoas que amam lhes traga felicidades e bênçãos!

— Arre égua, comandante Alain! — Mike não se conteve. — Nunca esperei que um dia fosse ouvir algo assim do senhor...

Alain já estava saindo e nem terminou de ouvir as palavras do policial gigante. Sorrindo de orelha a orelha, Mike encarou Nicolas.

— Viu só, Bartole? Recebemos votos de felicidade do poderoso chefão!

— Maravilha! Vocês dois realmente merecem ser felizes. — Nicolas inclinou a cabeça, analisando Moira. — Você está contente por se casar com meu irmão?

— Muito feliz — confirmou.

No entanto, a cara enfezada de Moira mostrava exatamente o contrário. Como Nicolas já a conhecia de longa data, nem se importava mais com sua costumeira expressão fechada.

— É melhor trabalharmos, pessoal — ordenou Elias. — Vocês dois tirarão alguns dias de licença para curtirem a lua de mel, no entanto, Bartole e eu continuaremos por aqui tentando dar conta do recado.

— Torcendo para que o assassino seja logo identificado e que nenhum outro doido tire a vida de ninguém enquanto estiverem ausentes. — Nicolas sorriu. — Sério, vocês são os melhores policiais desta cidade. Tenho orgulho de ser parceiro de vocês.

Moira corou como um tomate, enquanto Mike, sem acreditar no que ouvira, abria a boca. De repente, pulou em Nicolas e o envolveu em um de seus potentes abraços, que mais pareciam tentativas de homicídio. Bartole sentiu todos os seus ossos rangerem e estalarem, enquanto o fluxo de oxigênio era momentaneamente interrompido, e soltou um gemido de dor quando foi pressionado no local que Patrick chutara. Respirou com alívio quando foi liberado segundos depois.

Mike, em sua animação, nem havia se dado conta de que o machucara.

— Bartole, cara, assim você acaba comigo! Saiba que nem mesmo as palavras do comandante me emocionaram tanto quanto o que acabou de dizer. Eu simplesmente te amo.

Quando Mike voltou a abrir os braços, Nicolas o interrompeu:

— Chega de enrolação, Mike. Vamos trabalhar. Todos nós ouvimos o comandante, e ele deseja uma resposta rápida ao Brasil. O caso precisa ser concluído.

Bartole deixou a sala. Elias, esforçando-se para conter o riso, seguiu-o, deixando Mike para trás com o coração vibrando de emoção.

***

O processo de desdobramento espiritual ocorre diariamente com todas as pessoas, normalmente durante o período do sono. Trata-se de uma habilidade anímica por meio da qual o espírito se desprende temporariamente do corpo físico e atua no astral por um tempo determinado. Em *O Livro dos Espíritos*, obra de Allan Kardec, há a seguinte questão: "Durante o sono, a alma repousa como o corpo?". A resposta obtida foi: "Não, o Espírito jamais está inativo. Durante o sono, afrouxam-se os laços que o prendem ao corpo e, não precisando este então da sua presença, ele se lança pelo espaço e entra em relação mais direta com os outros Espíritos[2]".

Durante essas "viagens" pelo mundo imaterial, é possível interagir com outros espíritos, rever aqueles que já partiram, conhecer cidades ou lugares existentes no plano espiritual, ou, ainda, visitar outros encarnados que também estão adormecidos.

É semelhante ao que ocorre durante o desencarne, a diferença está no fato de que, em estado de desdobramento, o espírito se mantém preso ao corpo de carne por meio de um cordão fluídico conhecido como fio de prata e tem um prazo para retornar à matéria. Alguns espíritos, no momento em que se veem provisoriamente desprendidos do corpo físico, atuam no astral de maneira consciente. Dessa forma, após despertarem, quase sempre conseguem recordar-se de tudo o que vivenciaram naquele período. Já no desdobramento espiritual inconsciente, o espírito não se lembra das experiências vividas. Há ainda o desdobramento espiritual provocado, que é como se a alma deixasse o corpo por meio de uma ação fluídico-magnética causada por outro espírito.

Foi exatamente esse o processo que os quatro Feiticeiros das Sombras utilizaram para desdobrar Dipak do pequenino corpo físico em

---

2 Questão 401 de *O Livro dos Espíritos*, de Allan Kardec.

que estava encarnado. Treinados pelo próprio mestre, eles sabiam como emancipar a alma do Grande Senhor para extraí-la da matéria, utilizando-se de técnicas e habilidades para que não houvesse falhas.

O perispírito[3] é moldável, ou seja, sua aparência pode ser modificada conforme decisão do próprio espírito. Assim, desprendido do corpo do bebê, a aparência de Dipak estava totalmente modificada. Dionísio, Afrodite, Hefesto e Ares viram um homem alto e magro, de pele muito clara, olhos profundos e misteriosos, cabelos escuros e ondulados. Trajava vestes escuras, adornadas por uma capa longa e preta, que chegava quase aos pés. Um pingente com um pentagrama preso a uma corrente prateada cintilava em contraste com suas roupas.

A cena causaria espanto em qualquer pessoa encarnada: um homem adulto, de aparência imponente, estava ligado por um fio brilhante a um bebezinho adormecido em um berço colorido.

Ares e Hefesto curvaram-se diante de Dipak. Dionísio e Afrodite, apesar de ainda não estarem totalmente recuperados dos efeitos da poderosa prece proferida por Marian, também se esforçaram para fazer o mesmo.

— Nosso Grande Senhor, não sabe a honra que sentimos em vê-lo diante de nós, consciente o

3 Envoltório semimaterial que une o corpo e o espírito.

bastante para nos reconhecer e conversar conosco — murmurou Ares, sempre respeitoso ao mestre.

— Há muito a ser feito e o tempo urge. — Dipak olhou para o bebê no berço e não conteve um sorriso debochado. — É tão ultrajante estar ali dentro.

— É o ônus para que seus planos saiam a contento, senhor — continuou Ares. — Estamos nos esforçando para que tudo aconteça conforme o planejado.

— Tem certeza disso? — Dipak fixou seus olhos frios no outro espírito. — Até agora, não notei nenhum avanço. Sebastian e Angelique continuam unidos pelo amor. Espíritos que não estiveram com eles naquela época agora se juntaram aos dois nesta nova vivência física. Um exemplo disso é a tal Marian.

— Ela quase nos expurgou da Terra — revelou Afrodite de cabeça baixa. — Fez uma oração que...

— Vocês estudaram e se prepararam por quanto tempo? Décadas? Séculos? E, depois de todo esse tempo, deixaram-se afetar por uma oração? — Dipak soltou uma risadinha. — Nada, absolutamente nada aconteceu até agora. Quero ver Angelique sofrer, amargar. Ela rejeitou meu amor para se entregar ao homem que a caçava. Angelique o perdoou, mas jamais fez o mesmo por mim. Simplesmente tentou me esquecer, como se eu não tivesse qualquer importância em sua vida. Mulher maldita! Ela me pagará pelo desprezo, pela rejeição e pelo abandono. E, como se tudo isso fosse pouco, mostrou-se uma bruxa ainda mais poderosa do que eu.

Como se estivesse assistindo a cenas perdidas em seu subconsciente, Dipak fitou uma parede e manteve ali seu olhar:

— Ela era ainda muito jovem quando a tomei por esposa. Tinha cerca de dezesseis anos à época. Sei que nunca fui amado, mas isso era irrelevante. Também não tenho certeza se a amava. Talvez estivesse apenas impressionado com a beleza de Angelique ou com a possibilidade de utilizar suas habilidades, que eram vistas como magia, a meu favor. Eu seria extremamente poderoso se pudesse unir os poderes dela aos meus.

Dipak fechou os olhos antes de continuar a falar:

— Sempre soube que ela tinha poderes mediúnicos nunca antes vistos, ainda que a própria Angelique, àquela época, desconhecesse essa informação. Foi contra mim que ela os utilizou pela primeira vez.

"Angelique movia objetos, manipulava a matéria com facilidade e sabia invocar os espíritos da natureza. À medida que envelhecia, mais forte e habilidosa ela se tornava. Angelique me derrotou. Eu não tive forças para vencê-la, então, jurei vingança. Não poderia, contudo, matá-la, pois ela me assassinaria primeiro. Foi quando um inquisidor a serviço da Igreja lançou-se à tarefa de caçá-la, mas nunca obteve êxito. Os dois acabaram sendo levados juntos à fogueira. Não sei exatamente o que se passou entre eles, mas, em algum momento da história, o ódio se transformou em amor. Ela apaixonou-se pelo homem que pretendia exterminá-la, e ele, por sua vez, apaixonou-se pela mulher cuja cabeça era o sucesso de sua missão. Quanto a mim, Angelique destinou somente raiva e desprezo. Nunca representei nada para seu coração, sendo assim, decidi que deveria puni-la."

Dipak olhou para seus asseclas, que, intimidados, abaixaram a cabeça.

— Minha vingança não poderia acontecer de qualquer jeito, já que havia dois grandes impeditivos em meu caminho: o amor de Angelique por Sebastian e os poderes dela. Outras encarnações vieram, mas não pude fazer nada. Desde então, ainda não havia reencarnado até que decidi que a hora havia chegado.

"Nós, espíritos das trevas, também podemos organizar processos reencarnatórios desde que tenhamos conhecimento para semelhante tarefa. Eu os treinei muito para que pudessem me ajudar quando voltasse à Terra. Hoje, sou filho da mulher a quem jurei vingança. Quero destruí-la, de um jeito ou de outro. Aparentemente, Angelique não tem poderes ou, se os possui, não sabe utilizá-los. E, quanto a Sebastian, noto que também está muito diferente do que foi naquele tempo pretérito. O amor deles me enfraquece. Ademais, o que um bebê de quatro meses pode fazer contra dois adultos? Eles nem sequer gostam de mim. Angelique pode até convencer Sebastian a me entregar à adoção. Se vocês não fizerem alguma coisa, minha missão falhará. E, se isso acontecer, destruirei pessoalmente cada um de vocês assim que eu retornar ao astral.

Os quatro espíritos estremeceram. Reunindo coragem, Hefesto manifestou-se:

— Grande Senhor, o que podemos fazer para ajudá-lo? Deve haver soluções nas quais ainda não pensamos.

— Sim, existem algumas possibilidades, que compartilharei com vocês em momento oportuno. Por ora, apenas separem Angelique de Sebastian. Depressa!

Capítulo 18

— O que nós dois estamos fazendo aqui exatamente?

Nicolas virou o rosto para Miah, assim que entraram no centro de estudos espiritualistas que Marian indicara. Ele segurava Manoel nos braços, enquanto Miah trazia consigo uma bolsa com alguns pertences do bebê.

—Já lhe expliquei quando estávamos vindo para cá. Marian acha interessante procurarmos auxílio aqui. E disse que seria prudente trazermos Manoel conosco. — Miah consultou algo no celular. — Ela também está a caminho. Deve estar chegando.

— O que eles poderão fazer por nós? Certamente, não adotarão este lindo bebezinho.

— Eu também não sei direito. Parece que passaremos por uma triagem para que possam nos dar o melhor encaminhamento.

Pouco depois, eles se sentavam diante de uma jovem de cabelos escuros e rosto simpático. Ela tentou atrair a atenção de Manoel brincando com um molho de chaves, mas o bebê não demonstrou o menor interesse. Em vez disso, parecia prestes a chorar, como se algo ali o assustasse. Miah fingiu-se de sonsa e começou a explicar:

— Marian Bartole nos orientou a procurarmos esta casa devido a questões espirituais muito delicadas. Creio que vocês nunca tenham lidado com algo semelhante.

— A senhora suspeita de algum tipo de obsessão? — indagou a atendente.

— Sim, mas não exatamente nos moldes tradicionais. — Miah cutucou Nicolas. — Meu marido pode lhe explicar melhor.

— Eu?! — Surpreso, Nicolas acrescentou: — Temos fortes razões para acreditar que um espírito maligno está tentando nos prejudicar.

— Compreendo. Que situações ocorreram para levá-los a pensar assim? — A moça anotou algo em um caderno e, quando voltou a erguer o rosto para o casal, perguntou: — Viram ou ouviram algo? Tiveram sonhos ruins?

— O espírito maligno a que meu marido se refere está aqui. — Um tanto desconcertada, Miah passou a mão pelos cabelos escuros de Manoel.

— Compreendo. — A atendente direcionou o olhar para o bebê. — Vocês acreditam que esse espírito esteja influenciando energeticamente seu filho?

— Não é bem isso... — Miah hesitou um pouco e completou: — O espírito cruel em questão é o nosso bebê. Ele está reencarnado neste corpinho fofo e delicado.

— Sabemos inclusive o nome que ele utilizava em uma de suas últimas encarnações na Terra. — Nicolas ajeitou Manoel no colo, que estava fazendo biquinho, anunciando um choro que estava por vir. — Dipak. Ele foi um feiticeiro muito cruel e voltou agora como nosso filho para se vingar de alguma coisa.

— Ele me odeia! — exclamou Miah, não muito certa de que a moça estava acreditando nos dois. — Ele também consegue atingir uma pessoa apenas com o poder da mente. Sei que parece coisa de doido, mas é a verdade.

— Talvez não seja o bebê em si, mas algum espírito que também o esteja afetando.

— Sim, isso também. Já vi umas energias densas em minha casa — continuou Miah. — Mas elas foram atraídas por nosso filho. Ele é o líder, entende? Quem quer que esteja por perto, veio a mando dele.

A jovem anotou mais algumas coisas no caderno, enquanto Miah e Nicolas trocavam um olhar de preocupação. Sabiam que, mesmo em um local especializado no tema, aquela história não convenceria qualquer pessoa, por isso não esconderam o alívio que sentiram quando Marian chegou e se juntou a eles.

Ao puxar uma cadeira para sentar-se ao lado do casal, Marian tomou a frente da situação.

— Estes são meu irmão e minha cunhada. Pedi aos dois que viessem até aqui porque conheço o trabalho responsável que desenvolvem nesta casa. Em uma época passada, em tempos longínquos, um homem inteligente e muito perigoso, que sabia manipular objetos com a força da mente, casou-se com uma moça de origem simples. Ela não permaneceu com ele por muito tempo, e isso o enfureceu a ponto de fazê-lo desejar vingança. Na época, essa jovem descobriu que também conseguia utilizar-se de material energético para benefício próprio e do seu povo. É o que normalmente chamamos de "poderes". — Marian parou por alguns segundos e pensou nas próximas palavras. — Não estamos inventando nada disso nem temos motivos para fazê-lo. O espírito a que me refiro reencarnou e agora é este bebê. A moça em questão é minha cunhada. — Marian tocou o braço de Miah. — Ela e meu irmão já pensaram em colocar o filho para adoção, mas entenderam que essa não seria a melhor saída.

— Tenho dúvidas se não deveria continuar com esse plano — completou Miah.

— Bem, essa experiência é realmente diferente de tudo o que já vivenciamos aqui. Precisarei conversar com o dirigente da casa para encontrarmos medidas para auxiliá-los. A princípio, veio à minha mente a possibilidade de vocês participarem de uma de nossas reuniões de desobsessão, até porque a senhora disse que percebeu uma presença espiritual em sua casa. Geralmente, é necessário agendamento prévio, mas, diante da gravidade da situação, vou verificar se podem encaixá-los na reunião que acontecerá dentro de vinte minutos. Só um momento, por gentileza.

Manoel começou a chorar de forma bem estridente.

— Este ambiente o incomoda — esclareceu Marian. — Ele não está confortável aqui devido às vibrações emanadas pelos trabalhos que os colaboradores desenvolvem.

— Precisamos de ajuda. Não sabemos como contê-lo — informou Miah. — Há muito tempo não o encaro como um bebê, ainda que, fisicamente, ele seja um. É como se eu estivesse lidando com um homem adulto e muito, muito perigoso.

A atendente retornou alguns minutos depois e mostrou-lhes um sorriso:

— Eles vão encaixá-los na reunião, que se iniciará daqui a pouco. Antes, porém, vocês precisarão tomar um passe.

— Tudo bem. Por onde devemos seguir? — perguntou Marian.

Os dois receberam passes, enquanto Manoel ficou sob os cuidados de um voluntário do centro. O bebê estava bastante agitado e chorava a plenos pulmões. Nicolas, Miah e Marian foram levados a uma sala, onde havia uma mesa larga de reunião coberta por uma toalha branca. Sobre ela, havia uma jarra com água e copos de vidro. Quatro pessoas estavam sentadas ao redor da mesa e ofereceram as cadeiras disponíveis aos recém-chegados.

Uma mulher de cabelos curtos e brancos cumprimentou-os, informando:

— Nosso trabalho pode parecer simples, mas não é. O ambiente está preparado para recebermos toda sorte de espíritos. O caso nos é um pouco atípico, mas tentaremos ajudá-los.

As outras pessoas que estavam à mesa mantinham-se de olhos fechados e pareciam concentradas e em profunda oração.

— Esta reunião será dividida em dois momentos. No primeiro, tentaremos nos comunicar com os espíritos que podem estar obsidiando vocês. No segundo, será necessário trazer o bebê até aqui. Caso tenha êxito, a ideia é colocá-lo para dormir para que possamos dialogar com seu espírito em estado de desdobramento. É uma técnica pouco utilizada, mas que apresenta bons resultados quando colocada em prática.

— Aceitamos todas as tentativas, desde que nos ajudem. — Miah só faltou lhes implorar, convicta de que daria certo.

— Nossas médiuns receberão os espíritos que estiverem por perto, e eu serei a interlocutora. Vocês poderão presenciar o diálogo, mas peço que não interfiram.

Marian fez um sinal a Nicolas e a Miah para tranquilizá-los.

Durante algum tempo, nada aconteceu. Era possível ouvir o ruído da respiração das médiuns, que continuavam de olhos cerrados. A senhora de cabelos brancos pedia, em voz alta, que qualquer espírito que estivesse diretamente ligado a Miah ou a Manoel se manifestasse.

De repente, uma das mulheres estremeceu. Foi algo tão inesperado que Miah estremeceu junto.

A médium ergueu o rosto para Miah e franziu o cenho.

— Vocês são mais fortes do que todos nós esperávamos. Meus amigos e eu temos nos preparado há séculos para este momento, no entanto, descobrimos que não conseguimos atingi-los.

— Como gostaria de ser chamado? — perguntou a senhora.

— Hefesto.

— Não é seu nome verdadeiro.

— Há muitos séculos, abandonei o nome com o qual me chamavam na última encarnação. Isso não importa mais.

— Quantos espíritos compõem sua falange?

— Quatro.

— Eles também estão aqui?

Após um instante de silêncio, viram a médium assentir.

— Não sabemos como fomos trazidos até aqui. Estamos muito confusos.

— Seus amigos não querem falar também?

— Afrodite e Dionísio estão um pouco ressabiados. Eles temem a bruxa.

Para surpresa de Miah, o olhar da médium fixou-se em Marian.

— Essa moça é uma bruxa? — perguntou a dirigente da reunião.

— Deve ser algo um pouco pior. Há os feiticeiros das sombras e há aqueles que fazem o trabalho oposto ao nosso. Ela é poderosa e repeliu os dois com sua oração.

— Por que estão aqui?

— Trabalhamos para nosso mestre.

— Cujo nome é?

Miah e Nicolas já sabiam a resposta antes mesmo de ouvi-la.

— Dipak.

— Soube que ele está encarnado no corpo de um bebê.

— Ele veio para se vingar de Angelique, que, hoje, é essa mulher aí. — A médium indicou Miah com o queixo.

— Você sabe o motivo da vingança?

Novo momento de silêncio. Miah poderia jurar que ele estava confabulando com os demais, que certamente estavam presentes.

— Ele pretende destruí-la.

— Por quê?

— Porque ela o abandonou e o venceu em algum tipo de batalha. Não sabemos ao certo o que aconteceu, pois não convivíamos com eles naquela encarnação.

— Então vocês estão auxiliando-o em um plano do qual não fazem parte? Vocês não têm nada a ver com os ideais de Dipak, correto?

— Ele é o Grande Senhor.

— Tão grande que não conseguiu se virar sozinho, não é mesmo? Precisou da ajuda de vocês quatro em algo que acaba de confessar que está sendo bem trabalhoso.

Mais uma pausa. Do lado astral, Hefesto olhava para os demais como se aguardasse opiniões. Ares, Afrodite e Dionísio estavam paralisados em um canto da sala. Foi naquele momento que todos eles concluíram que séculos de estudo não lhes serviram para absolutamente nada. Aquelas mulheres encarnadas poderiam prendê-los ali, e talvez nunca mais pudessem escapar, já que haviam sido trazidos à revelia por meio de um processo que desconheciam. Ao menos, era nisso que acreditavam.

— Ele nos ensinou tudo o que sabemos — tornou Hefesto.

— O que, pelo visto, não é muita coisa.

— Suas palavras são insultos, são hostis.

— Estou sendo sincera. Estão comprando uma briga que não é de vocês. Por que não buscam ajuda? Nenhum de vocês teve família quando estiveram na Terra pela última vez?

— Isso não é da conta de ninguém.

— Entes queridos, que nunca deixaram de amá-los, ainda podem estar à espera de vocês. Afinal, o que são séculos diante da grandiosidade do tempo? Não sentem saudade de alguém?

Sem que soubesse explicar o motivo, Hefesto começou a chorar. Surgiu em sua mente a imagem de uma jovem de sorriso doce e terno. Ela fora sua irmã e sucumbira vítima de tuberculose. Após sua morte, Hefesto, que à época se chamava Damião, ficou revoltado e se enveredou pelo caminho tortuoso do crime.

Ele amava Maria e nunca mais foi o mesmo desde que ela se foi.

Percebeu que os outros espíritos também estavam emocionados. O que ganhariam se continuassem a servir Dipak? Precisavam buscar novas experiências, afinal, todos eles estavam cansados daquela vida, mesmo que ninguém fosse corajoso o bastante para admitir.

Ao olhar para o lado, em meio a uma luz de tom violáceo, uma jovem apareceu com a mão estendida. Ali estava Maria, linda como um anjo. Só que isso não era possível. Quantos séculos se passaram desde que...

— Nunca reencarnei, meu querido irmão, porque sempre tive certeza de que, um dia, nos veríamos novamente. A morte não existe, Damião. Chega de sofrer, de viver perdido na escuridão. Aceite essa oportunidade e venha comigo.

Hefesto não hesitou. Correu até Maria e a envolveu num poderoso abraço. Logo depois, ambos desapareceram.

Afrodite, Ares e Dionísio não se moveram, mas também choravam muito. Outros espíritos envoltos em muita luz apareceram e os chamavam para uma renovação espiritual. Ao reconhecerem parentes e amigos, trocaram com eles abraços em meio a muitas lágrimas.

Pouco depois, não havia mais ninguém ali.

A médium proferiu uma sentida prece antes de avisar:

— Todos eles partiram. Foram acolhidos por amigos espirituais que lhe eram queridos, mesmo que não se lembrassem mais deles.

— Ainda precisamos lidar com o espírito encarnado no bebê. — A senhora de cabelos brancos levantou-se da cadeira e deixou a sala. Dois minutos depois, voltou trazendo Manoel nos braços. Ele não estava chorando, mas continuava fazendo biquinhos e caretas. — Aviso que nunca fizemos nada parecido, por isso não temos muita certeza se vai funcionar. Para que possamos conversar com o espírito que habita este pequeno corpo, será necessário que ele tenha plena consciência de nossa presença e de sua condição.

— Pode ter certeza de que ele terá — comentou Miah.

A mulher entregou Manoel para outra mulher que estava sentada à mesa e que se pôs a acalentá-lo com carinho. Aos poucos, o sono envolveu o bebê, que fechou seus lindos olhos.

— Dipak? Pode nos ouvir?

Não houve resposta. A senhora voltou a chamá-lo:

— Dipak, apresente-se para nós. Gostaríamos muito de conversar com você.

O bebê estava inerte, mas seu peito inflava à medida que ele respirava lentamente. A mulher tentou novamente:

— Por que não nos responde? Sabemos que está por perto.

Nada aconteceu. Miah trocou um olhar com Nicolas, que já estava impaciente. A senhora tentou outra vez, mas, como nada acontecia, se preparou para avisar que seria necessário remarcar a reunião. Todavia, foi interrompida por Miah:

— Dipak, tenho mil ideias a seu respeito, mas nunca poderia imaginar que você fosse covarde. Um grande senhor que tem medo de um grupo de mulheres.

A mesma médium que recebera o espírito de Hefesto se manifestou, desta vez falando com voz grave e com um leve sotaque estrangeiro.

— Olá, Angelique!

— Pode me chamar de Miah. Angelique deixou de existir quando foi queimada viva em uma fogueira. Estávamos no período da Inquisição e agora estamos no século 21. Parece que você dormiu demais, não acha?

— Você não pode me vencer, porque não pode destruir seu próprio filho.

— Quanta bobagem! Não quero destruir ninguém. Já que você voltou para perto de mim, saiba que tudo o que desejo é viver em paz ao seu lado. Nossa história ficou no passado, e séculos nos separam dela. Somos mãe e filho agora, e não mais marido e esposa. Todos nós erramos e aprendemos. Se eu lhe fiz algum mal, peço-lhe sinceramente que me perdoe. Não me lembro do que fiz, mas quero lhe pedir desculpas mesmo assim. Precisamos seguir em frente. Você é muito inteligente, e tenho certeza de que, quando for mais velho, poderá ser de grande contribuição para o futuro da humanidade.

Após um breve momento de silêncio, Miah continuou:

— Eu lhe proponho uma trégua, Dipak. Por favor, permita-me amá-lo como mãe. Também preciso sentir amor por você e melhorar em muitas coisas. Como deve saber, seu pai foi um inquisidor naquela época e era ainda mais cruel que você. Agora, ele "caça" quem fere a ordem e a lei. É um homem do bem. Saia das trevas e junte-se a nós por uma causa a favor das coisas boas. Desista de sua vingança, aceite meu pedido de perdão e viva a nova vida para a qual reencarnou.

Não houve resposta e jamais haveria. Manoel remexeu-se e abriu os olhos. Dipak retornara ao corpo físico.

— Energias muito sombrias o envolvem — disse a médium que o recebera —, mas senti que elas amenizaram um pouco antes de perdermos contato com ele.

— Será que deu certo, Marian? — Miah olhou angustiada para a cunhada. — Acha que foi assim, tão simples e fácil?

— Não sei. No entanto, tenho certeza de uma coisa: agora que lhe pediu perdão, você também deve perdoá-lo. Se o amor a uniu a Nicolas, esse sentimento talvez consiga conectá-la ao seu filho. O amor pode tudo, Miah.

Ela concordou e levantou-se. Após contornar a mesa e pegar Manoel nos braços, agradeceu às mulheres pelo magnífico trabalho que fora realizado.

Nicolas estava totalmente impressionado com tudo o que se desenrolara ali dentro. Jamais poderia imaginar que algo assim existia. Realmente, a vida era muito mais do que parecia ser.

De uma coisa ele tinha certeza: era muito mais fácil lidar com assassinos psicopatas do que enfrentar situações que envolvessem o mundo espiritual.

Foi somente quando se viram do lado de fora do local que Manoel parou de chorar. E, quase imediatamente, o bebê abriu um sorriso encantador para Miah.

— Que pestinha! — ela murmurou para o filho, olhando-o com curiosidade.

— Resolveremos essa questão com tranquilidade, Miah — confortou-a Marian. — Vai dar tudo certo. Confie!

— Amém! — Um pouco mais conformada, embora ainda um tanto inquieta, Miah passou Manoel para os braços de Nicolas. — Obrigada pela ajuda.

— Marian, você é um anjo em nossa vida, embora tenhamos também um pequeno diabinho agora.

Marian sorriu, e, pouco depois, despediram-se.

Capítulo 19

Elias estava terminando de organizar sua mesa de trabalho antes de ir para casa, quando um policial apareceu em sua sala dizendo que havia alguém que desejava lhe falar. Ao fornecer a descrição do visitante, o delegado já sabia de quem se tratava.

— Ele se identificou como Monstrão. Disse que estava no camarote na noite em que o MC foi morto.

— Tudo bem. Peça para ele entrar.

Segundos após, o tatuador entrou na sala. Seus longos *dreadlocks* estavam jogados sobre os ombros, e ele exalava um forte odor de maconha. Os olhos muito vermelhos confirmavam que, provavelmente, Monstrão fumara um baseado pouco antes de adentrar a delegacia.

— Boa noite, senhor delegado! O outro policial foi até a casa em que estou morando, sabia?

— Por que está aqui? — cortou Elias.

— Tive um sonho muito esquisito na última noite. Ah, cara! Meu coração ficou tão rachado desde que soube que meu parceiro foi morto.

— E você veio até aqui contar seu sonho para mim?

— Eu vi quem matou Testa. Vi em meu sonho, tá ligado?

Prudente, Elias informou que gravaria o diálogo, então pediu para que Monstrão continuasse falando.

— Vi meu mano sentado na cadeira dele, lá no camarim. Então, uma sombra foi até lá e pá! — Simulou com a mão um golpe no coração. — Tudo acabou ali. Foi assim que meu parceiro partiu.

— E de quem era o rosto?

— Não consegui ver.

— Você acabou de me dizer que viu, em seu sonho, quem assassinou Testa.

— Mas não disse que vi o rosto da pessoa, compreende? — Monstrão esfregou a fronte, como se tentasse tirar dali algo pegajoso. — Mesmo assim, sei quem foi.

— Ouviu alguma voz? Como pode ter tanta certeza?

— Quem o matou o amava, sabia?

— Como assim? Geralmente, uma pessoa que ama outra não enfia uma faca em seu coração.

— Mas foi tudo por amor, não por ódio, como vocês estão pensando. Eu ouvi o assassino dizendo que o amava, mas que, mesmo assim, Testa precisava morrer.

— E a voz era feminina ou masculina?

— Ah, cara, essa parte eu já não sei. Eu vi a pessoa, mas não seu rosto nem seu corpo.

— Entendo. Há algo que deseja acrescentar?

— Mais nada! A brisa da erva bateu forte aqui, e sei que estou meio doidão. No entanto, sei o que estou falando, cara! Não estou louco.

— Ótimo. Se isso é tudo, você está dispensado. Assim como o investigador Bartole já deve ter lhe dito, não está autorizado a deixar a cidade até segunda ordem.

— Ele me disse, sim. Não vou a lugar algum. — Monstrão ergueu-se da cadeira e alisou seus braços tatuados. — Até mais!

Elias permaneceu ali sentado por alguns segundos. Em um primeiro momento, ele teria descartado toda aquela conversa sobre sonho por ter vindo de um homem que estava sob efeito de drogas. No entanto, nem ele nem Nicolas haviam analisado o caso sob aquele novo viés. E se o motivo da morte de Testa não fosse ódio nem vingança? E se, na cabeça do criminoso, havia realmente um sentimento bom pela vítima, embora não forte o suficiente para impedi-lo de matar? Afinal, segundo o relatório de Nicolas, todos os suspeitos declararam amar Testa, e, aparentemente, ninguém parecia ter um motivo justo para assassiná-lo.

Por outro lado, quem mataria por amor? Seria ciúme ou paixão, ou uma mistura confusa desses sentimentos que o assassino julgava ser amor?

Era um ponto interessante em que se pensar. Conversaria com Nicolas no dia seguinte para que refletissem sobre aquela hipótese.

Como não havia mais nada para fazer ali, Elias foi direto para casa. Assim que chegou, tirou os sapatos, colocou a arma sobre a mesinha de centro e massageou os pés ainda com as meias. Ele fazia, duas vezes por semana, sessões de fisioterapia para auxiliá-lo na recuperação da fratura. Pelo menos, depois de meses, já conseguia caminhar normalmente, sem mancar ou puxar de uma perna.

Estava refletindo sobre o que prepararia para o jantar quando a campainha tocou. Não estava esperando visitas. Em uma atitude automática, Elias pegou a arma e seguiu até a porta. Espiou pelo olho mágico e sorriu, guardando a pistola no cós da calça.

Lourdes estava à porta e mostrava-lhe um sorriso. Trazia duas sacolas que exalavam um aroma apetitoso.

— Surpresa! Olha só quem veio perturbá-lo.

— Você nunca me perturba e sabe que é sempre bem-vinda! Entre.

Ele cedeu passagem a Lourdes, que foi diretamente à cozinha e colocou as sacolas sobre a pia. Já estivera ali algumas vezes e conhecia o caminho perfeitamente.

— Não é que eu queira me gabar, mas fiz uma sopa de fubá com carne de panela que está simplesmente espetacular. Trouxe também uns pãezinhos franceses para complementar a refeição.

— Você veio na hora certa. Estou faminto!

Sentindo-se íntima da casa, Lourdes abriu os armários, pegou dois pratos fundos e serviu a sopa. Quando se sentaram à mesa para comer, Elias fechou os olhos enquanto saboreava o alimento. De fato, a sopa estava cremosa e muito saborosa.

— Esse momento merece uma recompensa — comentou Elias. — Assim que passar o casamento de seus filhos, vou convidá-la para jantarmos fora. Há alguns restaurantes incríveis nesta cidade.

— Convite aceito. Admito que, mesmo sabendo que Willian e Ariadne escolheram as pessoas certas com quem dividir a vida, estou bastante ansiosa.

— Não é porque Mike e Moira trabalham em minha delegacia, mas eles são as melhores escolhas para seus filhos. São pessoas corretas, honestas, dedicadas ao trabalho e extremamente competentes. Mike não cansa de falar aos quatro cantos que agora será cunhado de Bartole.

— Isso me deixa muito feliz. O doutor Enzo também é um fofo. Marian está muito bem-casada. Já Nicolas escolheu casar-se com aquele espetinho de churrasco, mesmo sabendo do meu descontentamento.

— Por que não gosta dela, Lourdes? — indagou Elias, entre uma colherada e outra.

— Não sei exatamente. Nunca fomos com a cara da outra desde que nos conhecemos. Ela é tão afrontosa, malcriada e insensível. Ainda sonho com o dia em que eles se divorciarão.

— Lamento desapontá-la, mas creio que isso nunca acontecerá. Nicolas a ama e é feliz com ela. Não é isso que sempre desejou para seu filho?

— Sim, mas...

— Então deixe de lado seu ranço por Miah, Lourdes, porque ela é membro de sua família.

— Você está certo sobre tudo isso, mas lhe digo uma coisa: nunca gostarei dela.

Elias sacudiu a cabeça para os lados, sorrindo. Gostava da companhia de Lourdes, mais até do que admitia. Ela era divertida e até suas reclamações o agradavam. Estavam se conhecendo havia alguns meses, e, pelo menos até aquele momento, tudo estava fluindo de maneira muito positiva.

Se algo além da amizade surgisse ali, Elias estava disposto a investir no novo. Pelo jeito, todos os colegas de trabalho de Bartole também fariam parte de sua família.

***

Miah estava de volta às suas atividades profissionais. Para a repórter, o período de sua licença-maternidade parecia ter se estendido por uma eternidade, mas, felizmente, chegara ao fim e ela reassumiria suas funções.

O clima na TV da Cidade era um misto de alegria pelo retorno de Miah e uma empolgação que ela ainda não identificara. Os funcionários da emissora pareciam mais dispostos, animados e despojados. Assim que se encontrou com Ed, seu parceiro de trabalho, Miah logo soube o motivo daquelas mudanças.

— Depois que o senhor Fagner e a senhora Serena foram assassinados aqui dentro, muitas coisas mudaram. Como sabe, os filhos deles não quiseram assumir o comando da empresa e terceirizaram essa tarefa para outra pessoa. Não que eu queira falar mal de quem já não está na Terra, mas estamos em nossa melhor fase, sabia? A nova diretoria é muito justa, dialoga com os funcionários, está sempre aberta a novas ideias e novos formatos para os telejornais. Tenho gostado muito e acredito que você também vai.

— Ai, Ed, fico muito feliz em saber disso. Independentemente de tudo o que Fagner e Serena fizeram no passado, eu gostava muito deles. Aprendemos com nossos erros e nunca seremos hoje quem fomos no passado.

Miah não tinha muita certeza se sua última frase também se aplicava a Manoel. Ela o deixara com Josélia, a mãe de Mike, que parecia idolatrar aquele bebê, mas pensava que, se a mulher soubesse de tudo sobre as origens da criança, sairia correndo até chegar a Ribeirão Preto.

No entanto, chegara a hora de voltar a trabalhar, e Miah estava ansiosa para saber o que haviam preparado para seu primeiro dia na emissora.

***

Mais tarde, Nicolas reuniu-se com Elias e Mike no Caseiros. Como era horário de almoço, o restaurante estava apinhado. Elias havia acabado de relatar a Nicolas a visita de Monstrão à delegacia e seu depoimento sobre o estranho sonho que o tatuador tivera. Finalizou dizendo:

— Se alguém realmente matou Testa em nome do amor, talvez tenhamos que seguir por outra direção.

— A princípio, eu pensaria em Charlotte. Ela pode ter cometido o crime alegando que o amava e havia sido abandonada por Testa. Entretanto, não enxergo razões para ela tirar a vida de Kevin.

— Todos eles disseram que o amavam.

— Não sei se, na cabeça do assassino, havia amor, ódio ou uma mistura desses sentimentos. Mesmo assim, ouso lhe dizer que sei quem fez isso. Estava desconfiado do motivo, mas ao ouvi-lo, Elias, acredito que minha teoria estava certa. Parece muito descontextualizada, mas, se analisarmos bem, faz certo sentido.

Nicolas olhou para Mike, que estava concentrado em seu prato de comida, que, àquela altura, já estava quase vazio.

— A música que Testa cantou antes de sua morte era inédita, certo?

— Sim. Parte da letra já havia vazado nas redes sociais, porque o próprio MC tinha soltado uma prévia. Mas foi no *show* que ele cantou a música pela primeira vez para o público. Quero dar uma olhada na letra. Consegue me enviar?

Mike parou de comer, apanhou o celular, pesquisou alguma coisa e encaminhou ao celular de Nicolas. Em seguida, voltou a mastigar.

— Acabei de lhe enviar a letra na íntegra.

Nicolas abriu o celular e estudou cada verso, cada estrofe.

— Vejamos o que temos aqui. A música de Testa começa com a seguinte frase: "O moleque humilhado, pobre, preto e sem futuro, que passava frio e fome em seu mundinho obscuro [...]". Não sei se há aqui uma referência a si mesmo, afinal, ele não tinha pele negra, e acredito que não tenha passado por privações na infância. João e a esposa aparentam ter feito um excelente trabalho como pais dele. Mais à frente, a letra faz referência a amigos falsos e invejosos. Mesmo assim, não creio que ele estivesse se referindo às amizades atuais. E, na sequência, diz: "Queria o melhor para si e para sua amada rainha, sua mãe, sua amiga, sua melhor companhia, que não deixava nada faltar para sua cria. Mesmo na agonia, ela sempre o acolhia".

— Parece que há alguma contradição aí. — Elias limpou os lábios com o guardanapo. — Primeiro, o personagem da música era humilhado, passava fome e frio. Logo depois, tinha uma mãe que não deixava lhe faltar nada. Tem algo aí que não bate.

— Arre égua! — Mike parou de comer e olhou de Nicolas para Elias. — Eu já ouvi essa música umas quinze vezes, mas nunca tinha prestado atenção a esse ponto.

— Pois é! — continuou Nicolas. — Aí a letra afirma que o mundo mudou, girou e se transformou e que o sofrimento é lembrança, coisa do passado. Mais uma vez, não sei se ele toma a si mesmo como referência ou se está apenas abordando a vida de muitos jovens nascidos em comunidades carentes e que sonham com uma vida melhor.

— Poderíamos tentar investigar melhor a infância de Testa — sugeriu Elias.

— Mas não estamos com tempo para isso. Ele diz também que, nos dias atuais, a vida é só progresso e que o moleque esquecido hoje está lá em cima.

— Provavelmente, esse trecho é sobre ele — cogitou Mike.

— Se a letra faz apenas referência a um garoto humilde qualquer, não nos ajudará em nada — continuou Nicolas. — No entanto, se ele passou por algum tipo de sofrimento na vida, João mentiu para nós. E eu aposto minhas fichas que ele foi bem sincero em tudo o que nos contou sobre a criação de Rodrigo, vulgo MC Testa.

— O que nos leva de volta aos demais suspeitos — atalhou Elias.

— Sim e não. A letra da última canção de Testa me sugere que, no passado, pode ter existido algum conflito na família do MC. — Com a mente trabalhando depressa, Nicolas emendou: — E se ele distorceu um pouco as coisas? Talvez o sofrimento a que se refere na música não tenha exatamente a ver com privações. Ele pode ter alterado um pouco a canção, para que ninguém a conectasse a ele. Por isso, cita um menino negro etc.

— Maus-tratos? — opinou Elias. — Agressões, humilhações?

— Acredito que João não faria nada disso. Ele amava o filho. Amava até demais. Foi um amor fora de série pelo único filho que teve e...

O celular de Nicolas tocou, e ele conferiu a mensagem de Moira. Mostrou-a a Elias, enquanto explicava a Mike:

— Lembra-se de que o assassino mandou uma mensagem a Kevin solicitando um encontro? Moira acabou de descobrir o titular da linha cadastrada.

Elias estava ligeiramente pálido:

— Que droga, Bartole!

— E a quem pertence o CPF? — Quis saber Mike.

— A uma mulher. — Nicolas levantou-se e chamou o garçom para que trouxesse a conta. Sairiam dali em disparada. Ele olhou para Mike e completou: — Pegamos o assassino!

***

— É preciso agir com cautela para que não haja falhas. — Toda a equipe de Nicolas estava reunida em uma das salas de interrogatório. Além dele, estavam presentes Moira, Mike e quatro outros policiais que participariam da operação. — A pessoa que procuramos não deve estar batendo pernas por aí. Ou concluiu seu objetivo com a morte de Kevin ou já tem uma terceira pessoa em mente.

— Afinal, quem é o assassino? — perguntou Moira.

Quando Nicolas revelou o nome do responsável pelos dois crimes, a policial arregalou os olhos.

— Mentira! Mas por quê?

— Acho que sei o que motivou os assassinatos de Testa e de Kevin. Todos os outros suspeitos continuarão sob vigilância policial e só deverão ser liberados para sair da cidade após pegarmos o assassino. — Pensativo, Nicolas explicou: — Não sei se haverá resistência à prisão, mas quero Mike e Moira comigo. Elias dará cobertura do lado externo.

— E se houver tentativa de fuga? — perquiriu um dos policiais presentes.

— Isso não vai acontecer por duas razões: primeiro, ninguém sabe que identificamos o assassino; segundo, mesmo que fuja, não conseguirá ir muito longe. Seria facilmente encontrado. Não haverá escapatória.

— Muito bem! — Elias assumiu o comando naquele momento. — Voltem às suas viaturas e nos encontrem neste endereço.

Discretamente, Nicolas encaminhou uma mensagem a Miah informando-a sobre a prisão. Ela bem que merecia um furo jornalístico em seu primeiro dia de trabalho.

Capítulo 20

Assim que estacionou diante do local em que encontraria o assassino de Testa, Nicolas saltou do carro e avançou depressa pela calçada. Mike e Moira estavam com ele. O investigador notou a presença de mais duas viaturas nas cercanias, mesmo sabendo que nada daquilo seria necessário. Nem pretendia apontar sua arma para a pessoa ou exibir seu distintivo.

Avistou o veículo da TV da Cidade aproximando-se rapidamente e sorriu. A repórter Miah Fiorentino voltara com tudo.

Tocou a campainha e aguardou. Ouviu passos apressados do outro lado do portão. Pouco depois, Nicolas se viu frente a frente com o homem que tirara a vida de MC Testa e sabia que, quando Miah divulgasse a prisão do assassino, o Brasil inteiro faria a mesma pergunta: por que João matara o próprio filho?

Ele mostrou um sorriso nervoso, que destacou as rugas ao redor de seus olhos. João fixou Mike e Moira antes de dirigir seu olhar para Nicolas.

— Os senhores encontraram o responsável pela morte de Rodrigo?

— Podemos conversar na sala?

— Claro. Venham comigo.

Rapidamente, João os guiou até a sala onde havia recebido Nicolas e Mike em sua primeira visita.

Assim que todos se acomodaram, Nicolas não fez rodeios:

— Vou direto ao ponto e quero que o senhor responda às minhas perguntas com toda a sinceridade do mundo. A primeira é: que número o senhor calça?

João pareceu estranhar a pergunta, mas não hesitou:

— Número 39, por quê?

— Ótimo. Agradeço a sinceridade. Agora, vamos à próxima questão. E peço-lhe que seja igualmente direto e sincero. Por que o senhor matou seu filho e, no dia seguinte, degolou Kevin?

Todas as cores fugiram do rosto de João. Subitamente, ele começou a tremer muito a ponto de Nicolas temer que ele tivesse um mal súbito.

— Eu... não sei... o que...

— Quando o policial Mike e eu estivemos aqui pela primeira vez, tive a impressão de que o senhor havia sido sincero em tudo o que nos contou. Mas, à medida que fui conhecendo os demais suspeitos, cheguei a uma conclusão: quase todos eles faziam parte daquele ambiente, exceto o senhor e o Lucca, o amigo de Rodrigo. Ambos destoavam daquele lugar. O senhor me disse que Rodrigo o convidou para lhe fazer uma homenagem, não é mesmo? Isso, contudo, nunca aconteceu. O senhor apareceu ali de surpresa, sem ser convidado. Vendo-o diante dele, Testa franqueou sua entrada porque não tinha outra opção.

— Meu filho se chama Rodrigo — murmurou João com a voz sufocada.

— Você planejou tudo. Levou uma faca escondida na roupa, que pretendia usar na primeira oportunidade. Os amigos de Testa lhe pareceram figuras horríveis, já que muitos deles fumavam, bebiam e nem sequer respeitaram sua presença no camarote. Quando Testa fez o intervalo do *show*, você foi até o camarim do seu filho e lhe disse algumas coisas. O que disse a ele, João?

O homem colocou o rosto entre as mãos e rendeu-se ao pranto.

Nicolas prosseguiu:

— Faço ideia do diálogo. Você disse a seu filho que não o havia criado com tanto amor, zelo e carinho para que ele se envolvesse depois com vários usuários de drogas. A fama, o dinheiro e o sucesso que Rodrigo conquistou após se lançar ao mundo do *funk* como MC Testa nunca lhe importaram. Por trás de toda aquela fachada, o senhor procurava seu menininho, mas ele não existia mais. O senhor, então, pediu a Deus que o perdoasse pelo que faria, pois Testa não era mais seu filho. Em sua opinião, o *funk* o transformara em algo ruim, negativo, perverso. Sem hesitação, enfiou a faca até o cabo no coração de Rodrigo, pondo fim à vida dele ali mesmo. Depois, saiu correndo antes que a fã chegasse e o flagrasse ali.

— Havia alguma câmera escondida ali, não é mesmo? Como pode saber tantos detalhes?

— Um dos suspeitos disse ao nosso delegado que sonhou com a pessoa que matou Testa. Mesmo sem saber a identidade do assassino, ele garantiu que a pessoa cometeu esse crime por amor — e sua teoria não estava errada. Mas o senhor confundiu as coisas e impediu Rodrigo, ou Testa, de seguir a carreira de sucesso a que tanto almejara.

— Aquele rapaz horrível, cheio de tatuagens, que desprezou a mãe e o pai, não era meu Rodrigo.

— Era, sim, mesmo que nunca aceite isso.

— Ele fez um *show* na cidade em que nasceu, mas não foi capaz de nos visitar. Rodrigo tinha vergonha de nós.

— Na última música que Rodrigo cantou, pouco antes de sua morte, há uma referência a um jovem que passou por muito sofrimento na infância, mas que era acolhido pela mãe. Não há, contudo, nenhuma referência ao senhor. Acredito que ele tenha feito algumas alterações para que não comparassem o conteúdo da letra com sua história de vida, mas encontrei algumas ligações. De fato, o senhor nunca o privou de nada. Deu-lhe casa, comida, estudo e roupas boas. Mesmo assim, faltava algo para Rodrigo que se chamava liberdade.

Lágrimas vertiam dos olhos de João e banhavam sua face enrugada.

— Eu o queria junto de mim. Ele era o meu menino. Eu o amava muito.

— O senhor sabia que, um dia, ele partiria. O próprio Rodrigo sentiu que precisava bater asas quando a mãe ficou doente. Já não fazia sentido continuar vivendo aqui e ele precisava libertar-se. Queria ganhar o mundo e ganhar dinheiro com sua voz, algo que ele só conseguiu quando conheceu Kevin, o responsável por levá-lo ao mundo do *funk*. O senhor matou aquele rapaz, pois o culpava por ter desviado seu menino do caminho que julgava ser virtuoso.

— Como descobriu tudo isso?

— O senhor não foi muito inteligente ao utilizar o CPF de sua esposa para cadastrar o número com o qual contatou Kevin. Pensou que a polícia nunca descobriria isso?

João simplesmente chorava. De vez em quando, olhava para as fotos de Rodrigo na estante.

— Como havia muitos suspeitos para investigar, isso me tomou muito tempo, já que precisei conversar com cada um deles. E sabe o que descobri, senhor João? Que, à maneira deles, todos também amavam seu filho. O *funk* não é uma seita nem algo horripilante. É apenas um gênero musical que faz um grande sucesso entre os jovens brasileiros e até mesmo estrangeiros. Não concordo com muitas letras, que quase sempre fazem referência ao consumo de drogas, à conquista fácil de mulheres, ao luxo, à ostentação e a assaltos bem-sucedidos. Isso, contudo, não era motivo para o senhor cometer dois crimes. Não parou para pensar em quem cuidará de sua esposa, agora que o senhor será preso?

João soluçava muito.

— Minha vida acabou. Matei meu filho, e minha esposa está acamada. No fundo, o verdadeiro monstro nunca foi ele. Pode me prender, pois nada mais me resta. Só lhe peço, aliás, imploro, para que, na cadeia, eu não seja obrigado a escutar essas músicas malditas.

Nicolas levantou-se e algemou João. Fez isso com delicadeza, e, como imaginara, não houve qualquer resistência.

— O senhor pode não acreditar em mim, mas amo Rodrigo e sempre o amarei. Quando tomei essa decisão horrível, da qual me arrependerei pelos dias que me restam, quis eliminar o mal que eu mesmo criei. Mas ele não era o mal apenas porque havia se esquecido de mim e de minha esposa.

— Sim, Rodrigo nunca fez mal a ninguém. Apenas cantava suas músicas e tentava propagar o *funk* pelo país. Milhares de fãs ainda choram sua morte.

João não disse nada; apenas pediu que providenciassem cuidados para sua esposa. Nicolas lhe garantiu que isso seria feito.

Quando uma das viaturas o levou, Nicolas olhou para Miah, que, junto com Ed, filmara toda a situação, transmitindo o desfecho do crime ao vivo para os telespectadores.

Epílogo

Amanheceu nublado, mas o dia não estava frio. Ao contrário, o tempo estava quase sempre quente e abafado naquela região do Estado. Os canais meteorológicos garantiam que não havia previsão de chuva, mesmo que o céu estivesse encoberto.

Para Nicolas, aquele era o melhor cenário para um dia festivo, até porque, logo após os casamentos de seus dois irmãos, o evento continuaria ao ar livre na casa do próprio Mike, onde havia uma piscina esperando os convidados que desejassem dar um mergulho.

Moira e Willian se casariam primeiro. Nicolas vira o irmão havia pouco e não escondera o sorriso. Era a primeira vez que o via realmente nervoso em uma situação. O rapaz que, ao longo de toda a adolescência e boa parte de sua vida adulta, fora um mulherengo inveterado, finalmente encontrara o amor ao lado da policial mais mal-humorada do planeta, embora tivesse um coração grande o suficiente para amá-lo.

Na igreja, os convidados já haviam preenchido quase todos os assentos de madeira. Na primeira fileira, Nicolas estava sentado ao lado de Miah, que mantinha Manoel nos braços. De vez em quando, o bebê a fitava e lhe sorria. Ela, contudo, não sabia dizer se isso era bom ou péssimo.

Próximo de Nicolas, estava Elias, elegante em um terno cor de creme. De vez em quando, pensava em João e em como ele lidaria com o fato de ver-se atrás das grades, sem a esposa e sem o filho. Não que fosse pessimista, mas tinha quase certeza de que ele não sobreviveria por muito tempo na prisão.

Desviou o foco dos pensamentos quando Lourdes se sentou ao seu lado e enganchou o braço no do delegado. Ela assoprou um beijo para Nicolas, mas franziu o cenho ao deparar-se com Miah.

— Saiba você, repórter magricela, que sou uma mulher realizada por ver três dos meus quatro filhos unidos às pessoas que amam. Nicolas deu um baita azar quando a conheceu.

Miah não perdeu tempo e respondeu:

— O azar começou assim que ele se desprendeu de suas entranhas, olhou bem para sua cara redonda e pensou: "Querido Deus, o Senhor não tinha uma mãezinha mais bonita para mim, não?".

Nicolas não conteve o sorriso. Para aplacar a discussão das duas, Elias segurou a mão de Lourdes, e isso foi o bastante para aquietá-la e fazer seu coração disparar.

Uma batida forte nos ombros de Nicolas o fez virar-se para trás. Ali estava Mike, com um sorriso largo nos lábios.

— O que está fazendo aqui?

— Esperando a minha vez. Estou tremendo feito uma palmeira sacudida por um tornado. Arre égua, Bartole, hoje é o dia mais feliz de minha vida.

— Então aproveite para curtir muito, porque você merece toda essa felicidade.

— Por isso que te amo, cara! — Mike olhou para os bancos do outro lado da igreja e indicou três pessoas a Nicolas. — Está vendo aquele casal mais velho e uma moça mais jovem? São os pais de Moira e a irmã caçula dela. Vieram de outra cidade para o casamento da filha.

Nicolas avistou uma mulher loira e muito elegante, cujo rosto era tão sisudo quanto o de um ditador. O homem que a acompanhava tinha bigode e cabelos grisalhos e também exibia uma cara de poucos amigos. A moça parecia uma réplica de Moira, com o semblante tão duro quanto um diamante. A cena fez Mike soltar uma risadinha.

— A família inteira parece avessa a sorrisos. Agora terei motivos para zoar Moira pelo resto do ano.

Elias ia virar-se para repreender o policial, que já estava falando exageradamente alto, quando avistaram o pai de Moira levantar-se e seguir em direção à porta, pois anunciaram que o casamento começaria.

Instantes depois, logo após os acordes matrimoniais, ele ressurgiu conduzindo Moira pelo braço. A policial estava belíssima em seu vestido, mas sua expressão parecia fulminante. Ela esboçou um leve sorriso ao ver Willian próximo ao altar e pareceu mais serena quando eles finalmente se juntaram.

Quando o padre os declarou marido e mulher, Lourdes ergueu-se do banco e correu até o casal, saltitando de felicidade.

— Parece um sapo-boi embriagado — sussurrou Miah, divertindo-se.

— Ah, meu amor, ela está muito contente — defendeu Nicolas. — Dedicou-se a vida inteira a cuidar de cada um de nós e o fez com maestria. Ela foi uma mãe maravilhosa para nós. Deixe-a curtir este momento.

Houve muitos aplausos e assovios de empolgação. Quando os noivos se sentaram em um local reservado aos dois para assistirem ao próximo casamento, Nicolas respirou fundo e preparou-se.

— É minha vez — disse, beijando Miah suavemente nos lábios. Em seguida, fez o mesmo percurso que o pai de Moira realizara havia pouco.

Quando os instrumentais ressoaram, Nicolas entrou conduzindo Ariadne. Ela estava magnífica em seu vestido de cauda longa. Thierry, de um dos assentos, começou a aplaudir e assoviar e foi acompanhado pelos outros convidados, que também gritavam de felicidade.

De repente, Ariadne desprendeu-se dos braços de Nicolas e saiu correndo até o altar, enquanto gritava:

— Eu aceito Mike como meu legítimo esposo. Eu o amo e está tudo certo!

O padre pareceu um tanto surpreso, mas levou a atitude da noiva na esportiva. Mike e Ariadne trocaram um longo beijo até finalmente se voltarem para ele, que esperava pacientemente. Quando o sacerdote indagou se alguém era contra o casamento, Ariadne virou-se para trás.

— Se alguém tentar nos atrapalhar, juro que pegarei a pessoa pelo pescoço e a sufocarei até que meu irmão venha me prender.

Houve mais risadas, e novos aplausos surgiram quando o padre os declarou casados.

Miah estava emocionada. Sabia o quanto aquele momento significava. Tempos atrás, fora sua vez. Ali tivera início a melhor fase de sua vida.

Manoel, com seus olhos azuis muito abertos, observava com atenção a movimentação das pessoas. Miah o fitava distraidamente e então, sem saber o porquê, sem que tivesse a mínima intenção ou algum desejo, ela o beijou na bochecha. Aquela era a primeira vez que demonstrava afeto pelo filho por meio de um gesto mais íntimo.

Assim que sentiu o toque dos lábios da mãe, Manoel virou-se lentamente para ela, a encarou como costumava fazer e então sorriu. Por um momento, Miah o viu como o que ele realmente era: um lindo bebê de quatro meses de idade.

— Querendo ou não, estaremos juntos por muito tempo — ela murmurou perto da orelha de Manoel. — Penso que a relação entre nós será mais harmônica se tentarmos fazê-la dar certo. O passado está muito, muito distante e jamais poderemos alterar o que aconteceu naqueles tempos. Hoje, somos somente você, seu pai e eu. Sei também que, de alguma forma, você compreende tudo o que estou lhe dizendo. Não sei se concorda comigo ou se pretende tocar o terror quando estiver maior, mas tudo o que lhe peço é paz. Vamos viver o hoje. Peço ainda que tenha paciência, porque pretendo amá-lo um dia.

O sorriso do bebê ampliou-se ainda mais, revelando suas gengivas rosadas. A mãozinha de Manoel procurou os dedos de Miah e, por fim, fechou-se em um deles.

A festa teria início dali a pouco, na casa de Mike, antes que os noivos partissem para curtir sua lua de mel. Nicolas estava novamente ao lado de Miah e perguntou:

— Eles serão felizes, não é mesmo?

— Com toda a certeza do mundo, assim como Marian e Enzo e como você e eu. Agora o delegado Elias está tentando juntar as escovas de dentes com sua mãe, muito embora eu imagine que ela use dentaduras.

Nicolas riu alto, beijando Miah com força nos lábios. Logo após, repetiu o gesto de Miah e pousou um beijo suave na testa do filho. Manoel somente o observou de volta e emitiu um arrulho de alegria.

— Parece que tudo está em paz por aqui — ele concluiu, olhando ao redor.

A paz, contudo, nunca durava muito tempo. Nicolas sabia que sempre haveria um novo crime para assombrar a cidade, um novo assassino implacável, uma nova investigação quase sempre complexa, e, então, ele teria de entrar em cena mais uma vez.

Mas, em sua vida pessoal, tudo seguia às mil maravilhas. Ele e Miah continuavam juntos. Fora um longo percurso até ali, repleto de alegrias e lágrimas, perdas e conquistas, revelações e descobertas, amadurecimento e aprendizado. Eles se amavam muito, e nem mesmo forças espirituais poderosas puderam separá-los. Eram os pais de uma criança atípica e ainda teriam que lidar com isso. O tempo e a espiritualidade seriam seus maiores professores, com os quais eles poderiam contar para ajudá-los a atravessar com harmonia esse novo ciclo.

Ao contrário de Testa, que teve sua vida ceifada no auge do sucesso e da fama, em plena juventude, Nicolas e Miah ainda tinham muito a viver pela frente. Era verdade que, de vez em quando, um ou outro assassino tentava dar cabo do investigador, mas ele se saíra bem até ali. Enquanto Nicolas Bartole vivesse, a justiça seria feita e aqueles que cometiam homicídios arcariam com as consequências de seus atos. Em nome da lei, ele estaria à frente de uma investigação, dando o melhor de si, trabalhando incansavelmente para defender não apenas a população, mas para trazer algum conforto aos familiares das vítimas.

Observando todos aqueles a quem amava, amigos e familiares, Nicolas sentiu seu coração repleto de gratidão por tudo o que tinha. Era realmente um homem feliz e pleno. E que os bons espíritos estivessem sempre por perto para auxiliar todas aquelas pessoas, sempre que fosse necessário, para que todas elas pudessem trilhar caminhos de luz, paz e muito amor.

FIM

Algumas palavras...

Escrever sobre os mesmos personagens em livros diferentes foi uma experiência única. A cada novo volume, tivemos a oportunidade de rever personagens queridos, que parecem velhos amigos nossos. Descobrimos, ao longo dos sete volumes desta série, como eles amadureceram e evoluíram, cada um à sua maneira e em seu tempo. E o mais incrível é a emoção que sentimos a cada novo contato com esses personagens que são tão especiais.

Quando questionado sobre meu livro preferido, sempre respondo que é o último que foi lançado. No entanto, confesso que tenho personagens prediletos, e dois deles são Nicolas e Miah. Amei escrever sobre eles nesta série pioneira em unir espiritualidade e investigação policial. Tenho também muito carinho por vários outros personagens desse universo e admito que gostaria muito de revê-los futuramente.

Acredito que nem todas as suas dúvidas tenham sido respondidas. Uma das principais indagações que me vem à mente é: como será o futuro de Nicolas, Miah e Manoel? Como esse misterioso bebê vai agir à medida que for crescendo e se desenvolvendo? Eu mesmo não faço a menor ideia do que está por vir, mas torço para que as coisas se tornem mais tranquilas.

Outra pergunta que você talvez esteja se fazendo é se este foi o último livro da série. Nem sempre estamos prontos para nos despedir de pessoas queridas ou de personagens adoráveis. No entanto, às vezes é preciso encerrar um ciclo para que outros possam ter início. Garanto a cada um de vocês que novos personagens estão a caminho e tenho certeza de que muitos deles ganharão um lugar especial em seu coração. Não sei ainda se um dia reveremos Nicolas e Miah, mas, caso isso não ocorra, tenham certeza de que o amor que os uniu é forte o bastante para que eles estejam felizes.

Desejo que você tenha gostado de todos os sete volumes da série, pois foram livros escritos com muito amor e carinho. Espero ainda que não fique triste, caso um oitavo volume nunca seja publicado. Como disse, encerramento de ciclos são necessários para que outros possam ter início. Prometo que vocês ainda se encantarão com belas histórias que estão por vir.

Com carinho,
Amadeu Ribeiro

Uma série emocionante, repleta de reviravoltas surpreendentes e temperada com humor, paixões, corações partidos e questionamentos sobre a natureza humana.

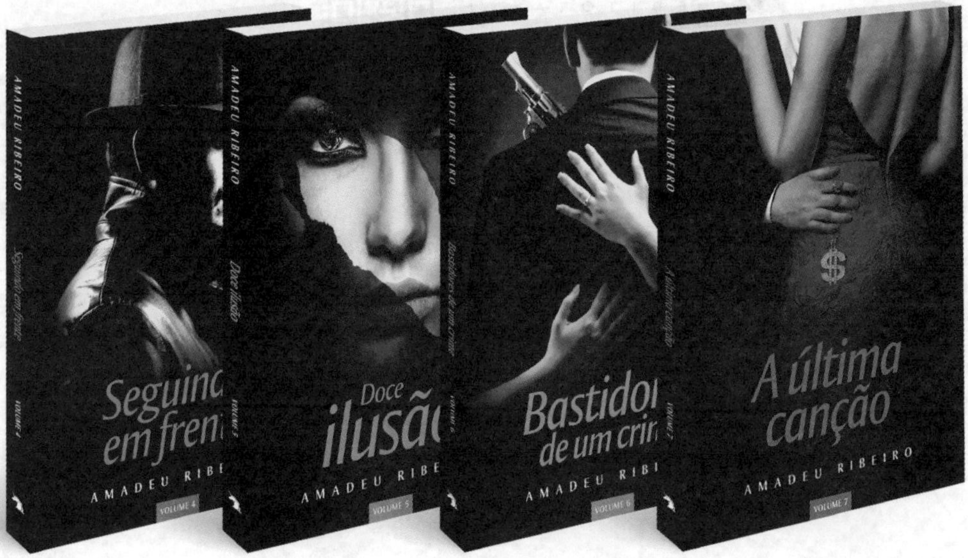

Estes e outros sucessos, você encontra nas livrarias e em nossa loja:

www.vidaeconsciencia.com.br/lojavirtual

VIDA & CONSCIÊNCIA
EDITORA

Rua das Oiticicas, 75 – SP
55 11 2613-4777

contato@vidaeconsciencia.com.br
www.vidaeconsciencia.com.br

APONTE A CÂMERA DO SEU CELULAR PARA LER O QR CODE **E VISITE NOSSA LOJA VIRTUAL.**

Gasparettoplay

APONTE A CÂMERA DO SEU CELULAR PARA LER O QR CODE **E VISITE O SITE GASPARETTOPLAY**

Impressão e Acabamento | Gráfica Viena
Todo papel desta obra possui certificação FSC® **do fabricante.**
Produzido conforme melhores práticas de gestão ambiental (ISO 14001)
www.graficaviena.com.br